# 이제는
# 대학이 아니라
# 직업이다
## [진로독서 워크북]

3rd Edition

# 이제는 대학이 아니라 직업이다
## [진로독서 워크북] 3rd Edition

초판 1쇄 발행 ｜ 2019년 7월 30일
초판 5쇄 발행 ｜ 2021년 6월 15일
개정판 1쇄 발행 ｜ 2021년 12월 30일
개정판 2쇄 발행 ｜ 2022년 5월 18일
3판 1쇄 발행 ｜ 2023년 9월 5일

지은이 손영배
책임편집 손성실
편집 조성우
디자인 권월화
일러스트 신병근
펴낸곳 생각비행
등록일 2010년 3월 29일 ｜ 등록번호 제2010-000092호
주소 서울시 마포구 월드컵북로 132, 402호
전화 02) 3141-0485
팩스 02) 3141-0486
이메일 ideas0419@hanmail.net
블로그 www.ideas0419.com

ⓒ 손영배, 2023
ISBN 979-11-92745-14-5 43370

# 이제는 대학이 아니라 직업이다

## [진로독서 워크북]

### 3rd Edition

손영배 지음

# 인공지능 시대에 맞춰 '진학'이 아닌 '진로'를 모색하자

《이제는 대학이 아니라 직업이다》를 처음 출간했을 땐《진로독서 워크북》을 펴낼 생각을 하지 못했으나 진로진학상담교사들의 요구에 부응하기 위해 오랫동안 기획하고 출간하게 되었습니다. 그런데 개정판에 이어 3판까지 내게 될 줄은 꿈에도 몰랐습니다. 과분한 사랑을 받으니 쑥스럽기까지 합니다. 초판을 낼 당시 조심스러운 마음으로 주장하던 내용에 이제는 확신이 생겼습니다.

《진로독서 워크북》개정 3판은 인공지능 시대에 본격적으로 진입해 하루가 다르게 바뀌는 세상에 적응해야 하는 취업 환경에 초점을 맞췄습니다. 인공지능의 역할이 우리 삶에서 차지하는 비중이 늘어가면서 시대가 급변하고 있습니다. 비대면 온라인 교육이 야기한 교육의 변화는 엄청나며, 이제는 전문직조차 인공지능에게 자리를 넘겨줄 것이란 예상에 점점 수긍하는 분위기입니다.

이런 시대에 학생들은 과연 어떤 직업, 어떤 진로를 택해야 할까요? 정답은 없지만 자신의 적성대로 하고 싶은 일을 선택하는 것이 최선이고, 대학보다 직업이 우선인 세상이 점차 열리고 있다는 것만은 분명합니다. 그럼에도 수많은 학부모와 학생들, 그리고 청년들이 진로를 두고 고민하고 방황하고 있습니다. 학생들의 진로를 상담해주는 교사로서 이런 문제에 대한 종지부를 찍어주고 싶었습니다. 더 이상 방황하지 말고 사회에서 하고 싶은 일로 활약하는 것이 모두를 위한 해답임을 말하고 싶어《이제는 대학이 아니라 직업이다》를 집필했고, 다행히 새로운 시대에 맞는 해답을 찾는 데 조금이나마 도움이 되는 것 같아 감사할 따름입니다. 출간한 지 4년이 흐르는 동안 변화된 사회 환경을 반영하고 달라진 진로 탐색 상황을 고려하여 개정판을 내놓았습니다.

진로에 고민이 많은 학생들에게 미래의 직업 세계를 대비하는 데 도움을 주고자《이제는 대학이 아니라 직업이다》의 자매책인《진로독서 워크북》을 출간했습니다.

자신이 원하는 진로가 아니라 '무조건 진학'만이 살 길이라는 불안감 때문에 즐겁지 않은 학창 시절을 보내는 학생이 여전히 많습니다. 이들에게 워크북을 통해 직업 세계에 대한 정확한 정보를 스스로 모색하게 하고, 그와 더불어 각자 선택할 수 있는 다양한 진로의 출구가 있음을 발견하게 함으로써, 학생 스스로 희망찬 미래를 설계하는 데 도움을 주고 싶었습니다. 이 워크북을 활용하여 이제라도 진짜 공부를 시작하기를 간절히 소망합니다.

워크북을 활용하는 방법은 다음과 같습니다.

이 책은 부담스럽지 않은 분량으로 진로 독서를 할 수 있도록 구성되어 있습니다. 총 27개 주제로 구성되어 있어, **선생님들이 수업에 활용할 경우** 자유학년제의 진로활동이나 창의적 체험활동의 진로활동시간을 활용한다면 한 학기 교육과정으로 진행하실 수 있습니다.

진로진학상담을 전공하지 않았더라도 이 워크북을 활용해 직업진로에 대한 진로독서 시간을 원활히 진행하실 수 있습니다. 한 단원씩 정리된 내용을 읽고 질문에 답한 다음, 모둠별로 함께 토의하고, 나눈 내용을 발표하는 방식으로 진로독서시간을 이끌 수 있습니다. 워크북에 포함된 진로활동지를 활용한다면 더욱 뜻깊은 진로활동이 될 것입니다.

독서활동은 자기주도적 학습의 핵심으로 매우 중요합니다. 읽고 토의하고 발표하는 것은 미래사회가 요구하는 핵심역량을 기르는 데 매우 유용한 방법이 될 것입니다.

**중학생들에게는** 고등학교의 진학을 앞두고 일반고와 직업계고에 대한 선입관을 버리고 균형감을 찾는 데 도움이 될 것입니다.

**일반고 학생들에게는** 또래의 특성화고 학생들이 어떻게 자신의 진로를 설계하고 취업과 진학의 두 마리 토끼를 잡는지 배우고, 진짜 공부를 어떻게 할 수 있는지 그 방법을 이해하고 스스로 찾아보는 데 도움이 될 것입니다.

**직업계고 학생들에게는** 취업과 진학을 준비 과정을 거쳐 직장이나 대학에 가서 잘 적응하고 생활하는 데 도움이 될 것입니다.

심층적인 진로 모색을 원한다면《이제는 대학이 아니라 직업이다》와 함께 활용하시길 권합니다. 27개 주제가 책의 어떤 부분과 연계되어 있는지 '읽을거리'에 표기되어 있으니 도움이 될 것입니다. 물론《진로독서 워크북》만으로도 짧은 시간에 충분한 효과를 보실 수 있습니다. 오랜 기간 학생들과 학부모님을 만나 진로상담을 하면서 얻은 노하우가 이 책에 담겨 있기 때문입니다.

"행복한 진로여행이 되기를 응원합니다."

영종도 은골 서재에서

손영배

# 차례

# 이제는
# 대학이 아니라
# 직업이다

# 1. 명문대를 졸업한 백수들이 넘쳐나는 사회의 등장

📚 읽을거리(p18)*

2023년 3월에 발표된 e-나라지표 자료를 보면 2021년도에 일반 대학생은 64.1퍼센트(전문대학은 71%, 전체로는 67.7%)가 취업했다고 한다. 여기서 고등교육기관 전체 67.7퍼센트는 전문대학, 대학, 산업대학, 교육대학, 각종 학교, 기능대학, 일반 대학원이 포함된 수치다. 2010년부터는 취업률이 '건강보험DB연계취업률'로 바뀌었다. 건강보험데이터상에 나와 있는 건강보험직장가입자에 해외취업자, 농림어업종사자, 개인창작활동 종사자에 1인 사업자와 프리랜서까지 모두 합한 수를 대학졸업자로 나눈 후 100을 곱해서 취업률을 산정한다. 이때 대학졸업자 수는 대학원 진학자, 입대자, 취업불가능자, 외국인유학생과 제외인정자를 모두 뺀 수치다.

2022년도 전국 192개 4년제 대학의 취업률과 진학률은 56.4퍼센트와 6.6퍼센트로 집계됐다. 한국대학교육협의회 대학정보공시센터인 '대학알리미'에 공시한 〈졸업생의 진

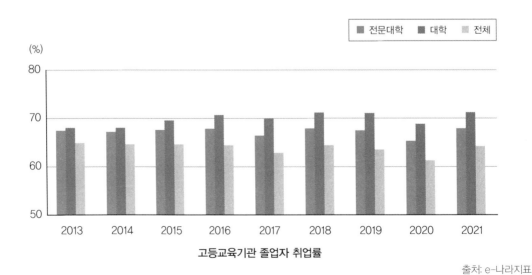

고등교육기관 졸업자 취업률

출처: e-나라지표

* 함께 보면 좋은《이제는 대학이 아니라 직업이다》[3판] 관련 쪽수.

로 현황〉[2022보기] 자료를 보면 목포가톨릭대와 예수대가 77.3퍼센트로 가장 높은 취업률을 보였다. 서울 소재 상위권 15개 대학의 취업률을 보면, 홍익대가 61.4퍼센트로 가장 높았다. 이어 서울시립대 61.0퍼센트, 중앙대 59.6퍼센트, 숙명여대 59.0퍼센트, 경희대 56.3퍼센트, 한국외대 56.1퍼센트, 동국대 55.7퍼센트, 성균관대 55.3퍼센트, 건국대 55.1퍼센트, 한양대 54.9퍼센트, 연세대 53.2퍼센트, 서강대 50.4퍼센트, 이화여대 49.7퍼센트, 서울대 48.8퍼센트, 고려대 47.6퍼센트 순이었다.

이를 보면 명문대라고 특별히 취업에 유리하다고 말할 수 없는 셈이다.

⏰ e-나라지표에서 '고등교육기관 졸업자 취업률'을 찾아 전문대학, 대학, 교육대학, 산업대학, 기능대학 및 일반대학원 별로 졸업자와 취업대상자, 그리고 취업자들을 찾아 정리해보자.

⏰ **토의** 그 수치에서 추론할 수 있는 사회 변화들은 이런 거였어!

## 2. 특성화고 출신의 고졸 사장들이 늘어나고 있다

📚 **읽을거리**(p22)

어느 분야에서 성공한 사람의 이야기를 살펴보면 성공한 분야에 어린 시절부터 관심과 재능을 보인다는 공통점이 많이 보인다. 금성하이텍의 박홍석 사장의 경우도 마찬가지였다.

그는 13살 어린 나이에 시계가 돌아가는 원리가 궁금해 집에 있는 시계란 시계는 모조리 분해하고 재조립해봤다고 한다. 어쩌면 집에서 악동 내지는 말썽꾸러기 취급을 받지 않았을까 싶다. 분해하다가 집안 어른에게 걸리면 회초리질을 감내해야 하는 시절이었으니 평범한 아이들은 감히 엄두를 못 낼 일이었을 것이다. 그러나 어린 박홍석은 호기심을 그냥 두지 못하는 에디슨과 비슷한 심성의 소유자였던 듯하다. 집 안에 있는 시계란 시계를 모조리 열어봤으니 그다음은 안 봐도 뻔하다.

시간이 지나면서 시계에 대한 관심은 기계 일반에 관한 관심으로 확장되었을 것이다. 어린 시절 박홍석 사장의 모습은 요즘 컴퓨터 게임에 빠진 우리 아이들의 모습과 별반 다르지 않았을지도 모르겠다.

그런 그에게 시련이 닥쳤다. 고등학교만 졸업하고는 대학 진학을 포기해야 했다. 대신 직업훈련원에서 1년간 기술을 배우면서 적성을 찾았고, 기계 분야가 그의 진로가 되었다. 그는 현대양행(현 만도: 자동차 부품 생산 업체)과 동양기계(현 S&T중공업)에서 일하는 동안 자동차 부품에서 방산 물자까지 다양한 기계를 다루면서 전문적인 기술과 폭넓은 경험을 쌓았다. 결국 1984년에 금성정밀공업이라는 회사를 세워 대기업에 부품을 납품하기 시작했고, 1995년에는 자동화 설비에 반드시 필요한 압축공기용 에어드라이어를 개발하면서 현재의 금성하이텍을 만들었다.

금성하이텍이란 기업은 전 직원의 60퍼센트 이상이 박홍석 사장처럼 고졸 출신이라는 특징이 있다. 실력만 뒤따르면 석·박사급 직원과 동등한 대우를 받는다. 능력으로 평가받는 회사 분위기 덕분에 이직률도 매우 낮다.

박홍석 사장은 "고졸이라도 석·박사급과 비슷한 8000만 원 이상의 연봉을 받는 직원들이 많다. 실력 외에 아무것도 신경 쓰지 않도록 철저히 대우해주고 있다"며 좋은 일터를 만들기 위해서 차별적인 요소를 없애는 데 노력을 기울이고 있다. 학력이나 스펙이 아닌 자신의 능력으로 인정받는 조직 문화를 만들기 위한 그의 노력이 우리 사회에서 빛을 발하고 있는 셈이다.

⏰ 토의 내가 생각하는 '좋은 일터'의 기준은 이런 거야!




⏰ '좋은 CEO라면 (                    ) 능력은 있어야 해!




⏰ 찾기 오~ 내가 일하고 싶은 강소기업(또는 중견기업)을 찾았다!

## ▦ 진로활동(자기이해): 직업가치관과 진로 찾기

※ 워크넷에서 직업가치관 검사를 실시하고 작성해봅시다.

| 구　분 | | 가치관 검사 결과 | | |
|---|---|---|---|---|
| 중요하게<br>생각하는 가치관 | 가치관 | 1) | 2) | 3) |
| | 직업가치관 설명 | | | |
| | 추천 직업 | | | |
| 중요하게<br>생각하지 않는 가치관 | 가치관 | 1) | 2) | 3) |
| | 직업가치관 설명 | | | |
| | 해당 직업 | | | |
| 가치관 검사 결과에 따른 추천 직업에<br>나의 희망직업과 일치하는 것이 있는가? | | | | |

# 3. 박사 학위가 주는 지식의 유효기간도 5년 이내

📚 읽을거리(p39)

고학력자가 늘고 취업문이 좁아지면서 학력의 시대가 저물고 있음을 확인시켜 주는 뉴스가 몇 년 전부터 심심치 않게 나오고 있다. 그런데 최근 반전이 생겼다. 2021년 6월 21일자 《매일경제》에 지난해 박사학위를 취득한 고학력자가 1만 6139명으로 사상 최대치를 기록했다는 기사가 실린 것이다. 2000년 박사학위 취득자가 6141명이었던 것과 비교하면 20년 사이에 세 배 가까이 늘어난 셈이다. 학령인구 감소로 최근 수년간 대학이나 전문대학 졸업자가 줄어든 추세를 고려할 때 최근 박사급 인력의 가파른 증가세는 분명 심상치 않은 조짐이다.

이런 추세는 현재까지 이어지고 있다. 2023년 3월 16일자 《뉴스1》에 국내 석·박사 학위 취득자 수가 역대 최다를 기록했다는 기사가 실린 것이다. 한국교육개발원 교육통계 서비스를 통해 분석한 결과 2022년 국내 석사학위 취득자는 8만 3869명, 박사학위 취득자는 1만 7760명으로 석·박사 학위 취득자가 처음으로 10만 명을 넘었다고 한다. 점점 어려워지는 취업 시장에 대비하기 위해 스펙을 쌓으려는 학생들이 다수를 이루는 현실을 엿볼 수 있다. 여기에 더해 일자리 불안으로 학력 스펙을 쌓으려는 직장인들까지 가세하며 생긴 기이한 사회 현상이 아닌가 싶다.

박사학위 취득자가 급격히 늘고 있는 반면 실제 일자리 찾기는 쉽지 않은 상황이다. 한국직업능력연구원이 2020년에 발표한 〈국내 신규 박사학위 취득자 실태조사〉 보고서를 보면 학업에 전념하여 박사학위를 취득한 2020년 졸업자 중 시간 강사, 박사후연구원, 민간 기업 등에 취업한 비율은 26.7퍼센트에 불과했다. 취업에 성공한 경우를 분석하면 대학에서 일자리를 찾은 경우가 그나마 46.1퍼센트로 가장 높았다.

최근 코로나19라는 예상치 못한 상황이 발생하긴 했지만, 세상은 분명 학력보다 능력이 중요한 방향으로 변하고 있다. 이제 코로나 상황을 극복하고 서서히 사회가 안정을 되찾고 있으니 박사학위라는 간판을 취득하려는 목적이 아니라 순수한 공부와 연구 목적으로 박사과정을 밟는 쪽으로 흐름이 바뀌길 기대한다. 이론만이 아니라 경험과 체험, 그리고 공감과 협동이 더 요구되는 세상이 될 테니까.

⏰ **토의** 왜 사람들은 보다 높은 학위를 취득하려고 애쓸까?

⏰ **토의** 현재와 비교하여 미래사회는 이런 능력들이 중요하게 될 거야.

    1. 현재 필요한 능력 :

    2. 미래에 필요한 능력 :

⏰ **발표** 위에 적은 능력들 중에 내가 가진 능력은 이거야.

## ▦ 진로활동(진로탐색): 미래의 인재상과 직업능력

| 구　분 | 미래 인재상<br>(선택) | 미래에 요구되는 직업능력<br>(선택) |
|---|---|---|
| 내가 가장 역점을 두고 싶은 영역 | 1) 자율성　(　　)<br><br>2) 합리성　(　　)<br><br>3) 전문성　(　　)<br><br>4) 윤리성　(　　) | 1) 지식　　　(　　)<br><br>2) 숙련　　　(　　)<br><br>3) 인지적 성향　(　　)<br><br>4) 규범적 성향　(　　) |
| 그 이유는? | | |

## Dream big dreams.
## Only big dreams have the power to move men's souls.

큰 꿈을 꾸어라. 오직 큰 꿈만이 사람들의 영혼을 움직일 수 있는 힘을 지니고 있다.

마르쿠스 아우렐리우스

# 4. 대학졸업장을 받기 위해 4년의 시간, 1억 원의 돈을 쓴다

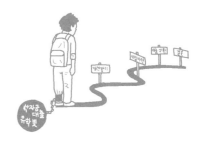

## 📚 읽을거리1(p44)

2017년 3월 12일자《연합뉴스》기사에 따르면 2017년도 우리나라 중산층의 평균 월 소득이 374만 원이었다. 이 돈을 10년간 한 푼도 안 쓰고 저축하면서 애한테 쏟아 부어야 겨우 평범한 대학생 한 명을 키울 수 있다. 그런데 놀랍게도 2019년 10월 10일자《동아일보》에 실린 기사 제목이 〈아이 낳아 대학까지 보내려면 직장인 10년치 연봉 쏟아부어

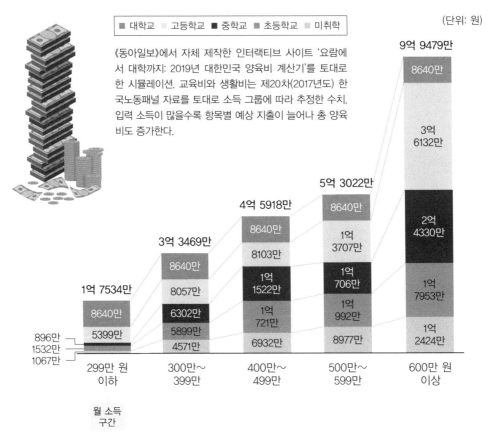

■ 대학교  ☐ 고등학교  ■ 중학교  ■ 초등학교  ■ 미취학

(단위: 원)

《동아일보》에서 자체 제작한 인터랙티브 사이트 '요람에서 대학까지: 2019년 대한민국 양육비 계산기'를 토대로 한 시뮬레이션. 교육비와 생활비는 제20차(2017년도) 한국노동패널 자료를 토대로 소득 그룹에 따라 추정한 수치. 입력 소득이 많을수록 항목별 예상 지출이 늘어나 총 양육비도 증가한다.

가구 소득구간별 자녀 양육비용

---

야〉였다. 임산부의 날을 맞이해 당시《동아일보》가 구축한 인터랙티브 사이트 '요람에서 대학까지: 2019년 대한민국 양육비 계산기'baby.donga.com는 모든 소득 구간의 평균에 해당하는 한 가구가 아이 한 명을 낳아 대학을 졸업시킬 때까지 필요한 돈을 약 3억 8198만 원으로 집계했다.

흥미로운 점은 소득 수준에 따라 8억 원 이상의 양육비용 차이가 났다는 사실이다. 월평균 소득이 300만 원 미만의 가정은 자녀를 대학까지 보내는 데 평균 1억 7534만 원을 쓰는 것으로 조사된 반면 월평균 소득이 600만 원 이상의 가정은 무려 9억 9479만 원을 지출하는 것으로 드러났다. 이처럼 경제적인 부담이 출산을 기피하게 하는 요인 1순위로 꼽히는 만큼 자녀의 생애 주기별 맞춤형 보육 정책이 필요하다는 전문가의 의견도 제시했다.

⏰ **찾기** 내가 들어가려는 대학, 원하는 학과의 등록금은 얼마일까?

⏰ 대학생활 기간에 필요한 등록금과 생활비, 책값 등 필요한 비용을 계산해보자.

등록금:

생활비:

책값:

📚 **읽을거리2(p46)**

29살이 된 세 명의 친구가 9년 만에 중학교 동창회에서 만났다. 세 친구의 이름은 김유학, 김대학, 김특성이다.

김유학 군은 대학을 졸업하고 대학원도 마쳤고 유학까지 다녀온 친구다. 그는 이제야 취업을 했다. 김대학 군은 대학을 졸업하고 3년 전에 취업해서 열심히 직장을 다니고 있다. 마지막으로 김특성 군은 특성화고등학교를 졸업하면서 바로 취업해 9년 이상 직장생활을 하고 있는 전문인이다.

세 친구는 오랜만에 만나 기쁨을 나누며 이런저런 이야기들을 나눴다. 직장 이야기와 자신의 월급에 대한 이야기까지 이어졌다.

김유학 군이 월 300만 원을 받는다고 하자 다른 두 친구는 몹시 부러워했다. 그런데 과연 부러워할 일일까? 제대로 살펴보자. 과연 9년이라는 시간 동안 이 세 사람에게 어떤 일들이 있었을까?

김유학 군은 이제 막 신입사원으로 첫 출발을 한 상태다. 그동안은 학자금 대출을 받아 대학과 대학원을 졸업했다. 유학까지 마치느라 대출로 짊어진 빚이 1억 7850만 원이나 된다. 모아놓은 돈은 전혀 없다. 이제 겨우 취업했는데 취업의 기쁨은 잠시일 뿐, 앞으로 10년 이상 한 달에 150만 원씩 부채를 갚아야 한다. 그런 이유로 수중에 남는 돈은 겨우 150만 원이다. 결혼도 하고 집도 마련하려면 저축도 해야 하는데 어느 세월에 부채를 다 갚을지 한숨부터 나온다. 마음을 단단히 먹고 월 90만 원짜리 적금을 들었다. 그리고 남은 60만 원으로 매달 어렵게 생활을 끌어나가고 있다.

김대학 군은 26살이 되어서야 겨우 취업을 했다. 직장생활을 한 지 3년이 넘어간다. 처음에는 월급으로 200만 원을 받았는데, 지금은 경력이 쌓여 240만 원을 받고 있다. 김대학 군 역시 대학을 마치기 위해 학자금 대출을 받은 탓에 부채가 5900만 원이나 있었다. 지난 3년 동안 매달 100만 원씩 36회에 걸쳐 상환했더니 부채가 2300만 원으로 줄었다. 앞으로 2년만 더 갚으면 된다는 사실이 그나마 위로가 된다. 월급에서 부채 갚느라 떼어낸 돈을 제외하고 남는 140만 원 중에서 월 60만 원씩을 저금하고 있다. 만기가 되려면 1년 정도 남았지만 그때가 되면 약 2000만 원 정도를 모을 수 있다. 하지만 지금 사귀고 있는 여자 친구와 결혼을 하려면 어쩔 수 없이 부모님께 도움을 요청할 수밖에 없다는 사실에 의기소침해진다.

김특성 군은 특성화고등학교를 나와서 일찌감치 취업했다. 처음에는 월급이 150만 원 정도로 낮은 편이었으나 경력이 쌓이면서 월급도 점점 올라 이제는 대학 나온 친구랑 차이가 없다. 학자금 대출 같은 빚이 없어서 매달 240만 원 중에 90만 원을 저축한다. 다른 친구들보다 넉넉하게 150만 원 정도를 생활비로 사용하면서 부모님께 용돈도 드리고 있다. 통장에는 이자까지 포함해서 1억 원이 넘는 돈이 모여 있다.

단순화된 위의 이야기에 이의를 제기하고 싶은 사람도 있을 것이라 생각한다. 그러나 어엿한 사회인으로서 한 사람의 몫을 다하고 있는 제자들을 학교 현장에서 꾸준히 만나 본 결과, 이제는 무조건 대학은 나오고 봐야 한다는 고정관념에서 벗어날 때가 됐다는 이야기를 하고 싶다. 생각을 바꾸면 취업의 문이 열린다.

⏰ 다음의 표를 보고 나의 경우나 플랜을 빈칸에 채워봅시다.

| 29살 세 친구 | 김유학 | 김대학 | 김특성 | 나의 플랜 |
|---|---|---|---|---|
| 직장생활기간 | 29세에 시작 | 26~29세 | 20~29세 | |
| 현재수입 | 300만 원 | 240만 원<br>(취업 당시 200만 원) | 240만 원<br>(취업 당시 150만 원) | |
| 상환 | 150만 원 | 100만 원씩 36회 | 0원 | |
| 생활 | 60만 원 | 80만 원 | 150만 원 | |
| 저축 | 90만 원 | 매달 60만 원<br>(1년 뒤 만기: 2000만 원) | 매달 60만 원<br>(예금 총액: 1억 500만 원) | |
| 부채 | 1억 7850만 원 | 2300만 원 | 0원 | |

There are two things to aim at in life.
First, to get what you want and, after that, to enjoy it.
Only the wisest of mankind achieve the second.

인생에서 목표로 삼아야 할 것은 두 가지다.
하나는 원하는 바를 이루는 것, 또 하나는 그것을 즐기는 것이다.
오직 현명한 인간만이 두 번째까지 이뤄낸다.
로건 피어솔 스미스

# 5. 대2병, 성적에 맞춰 대학에 가고 대학에서 방황하는 학생들

📚 **읽을거리**(p55)

질풍노도의 시기라서 럭비공처럼 어디로 튈지 모르고 한편으로는 예전보다 더 과격해지고 허세도 부리는 10대 사춘기 청소년들의 심리적 상태를 지칭하는 '중2병'이라는 표현이 있다. 한동안 중2병에 대한 농담이 유행하기도 했다. 북한에서 남침을 못 하는 이유가 중학교 2학년생을 무서워하기 때문이라는 것이다. 그런데 이제는 '대2병'이란다. 적성과 희망을 접고 타의에 따라 무조건 대학을 가야 한다는 생각으로 입시에만 매달려 겨우겨우 대학을 들어갔는데, 고등학교 시절과 별 다를 바 없는 생활을 하다 전공이 시작되는 2학년이 되면 과연 이 전공으로 사회에 나가 직업을 가질 수 있을까 하는 고민에 빠지는 것이다. 더불어 선배 졸업생들이 겪는 취업의 어려움을 간접적으로 체험하면서 우울함을 느끼기도 한다.

자기 인생과 진로에 대해 고민하고 방황하는 과정 자체가 의미 있는 시절이 있다. 바로 중·고교 시절이다. 이때는 어린이가 사춘기로 들어가면서 정체성과 자기 미래에 관해 충분히 고민해야 할 시기다. 그러나 예전과 달리 아이들에겐 그러한 고민을 할 여유가 없다. 부모들도 괜히 마음만 급해져서 아이에게 일단 대학에 붙은 다음 나중에 생각하라며 공부를 독촉한다. 대학 진학을 목표로 세우고 마치 성지순례 하듯 온종일 학원을 돌며 '바쁘다 바빠'를 연발한다. 그렇게 수년을 보내고 운이 좋으면 원하는 대학에 들어간다. 처음엔 세상을 다 얻은 기분을 느낄지도 모르겠다.

그런데 막상 입시라는 목표를 통과하고 들어선 대학생활은 상상과는 전혀 다르게 다가온다. 그럴 수밖에 없다. 자기 생각 없이 점수에 맞춰 혹은 부모가 가라고 해서 선택한 학과가 적성에 맞으면 다행이지만, 그렇지 않은 경우에는 자신이 왜 이걸 공부해야 하는

지에 대한 고민과 방황이 시작되기 때문이다. 무조건 대학부터 붙고 보자며 제대로 조언해주지 않았던 선배나 형, 누나 등에 대한 원망도 시작된다. 그러면서 던지게 되는 불만 섞인 질문 하나가 바로 이것이다.

"도대체 내가 하고 싶은 건 언제 할 수 있는 거야? 그리고 이제 도대체 뭘 해야 하는데?"

그런데 돌아오는 대답은 이제 너도 대학생이니 알아서 하라는 것이다. 그야말로 황당하기 짝이 없는 대답이다. 갑자기 뭘 어떻게 알아서 하라는 걸까? 해본 적이 없는데?

내게 이런 질문을 하는 학생들에게 나는 묻고 싶다.

"도대체 뭘 하고 싶은데?"

⏰ **찾기** 〈SBS 스페셜〉에 소개된 '대2병'이란 말은 왜 생겨났을까?

⏰ **토의** '대2병'을 치료할 수 있는 치료법은 무엇일까?

⏰ **발표** 나는 (　①일　)이 하고 싶어. (　②언제　)부터 그 일을 할 거야.

① 

②

# 진로활동지

**▦ 진로활동(진로탐색): 내가 희망하는 직업과 관련학과 선택(중학생용)**

## I. 내가 희망하는 직업

|  | 1 | 2 | 3 |
|---|---|---|---|
| 희망직업 |  |  |  |

## 2. 특성화고·마이스터고에 진학한다면 희망하는 직업을 갖기 위해 어떤 학과에 지원해야 할까?

|  | 희망 직업 | 희망 계열 | 희망 학과 |
|---|---|---|---|
| 1 |  |  |  |
| 2 |  |  |  |
| 3 |  |  |  |

## 3. 특성화고·마이스터고를 진학한다면 학과를 선택할 때 고려할 점은 무엇일까?

|  | 희망 직업 | 고려 사항 |
|---|---|---|
| 1 |  |  |
| 2 |  |  |
| 3 |  |  |

## 4. 고등학교 선택 시 중요하게 고려해야 할 사항은 무엇일까?

|  | 고려 사항 | 우선순위 |
|---|---|---|
| 1 |  |  |
| 2 |  |  |
| 3 |  |  |
| 4 |  |  |
| 5 |  |  |

## 진로활동(진로탐색): 내가 희망하는 직업과 관련학과 선택(고등학생용)

### 1. 내가 희망하는 직업

|  | 1 | 2 | 3 |
|---|---|---|---|
| 희망 직업 |  |  |  |

### 2. 대학에 진학한다면 희망하는 직업을 갖기 위해 어떤 학과에 지원해야 할까?

|  | 희망 직업 | 희망 계열 | 희망 학과 |
|---|---|---|---|
| 1 |  |  |  |
| 2 |  |  |  |
| 3 |  |  |  |

### 3. 학과를 선택할 때 고려할 점은 무엇일까?

|  | 희망 직업 | 고려 사항 |
|---|---|---|
| 1 |  |  |
| 2 |  |  |
| 3 |  |  |

### 4. 대학 선택 시 중요하게 고려해야 할 사항은 무엇일까?

|  | 고려 사항 | 우선순위 |
|---|---|---|
| 1 |  |  |
| 2 |  |  |
| 3 |  |  |
| 4 |  |  |
| 5 |  |  |

# 6. 명문대를 들어가는 이유가 졸업 후 직업 때문이라지만

## 📚 읽을거리(p69)

명문대를 그저 취업을 위한 일종의 관문으로 생각하는 학생이라면 다음 표를 보고 자신

| 단계 | 점검 사항 | 고민 사례 |
|---|---|---|
| 1 | 내가 왜 이렇게까지 공부를 하지? | 하루 10시간씩 학교와 학원을 다니면서 수학과 영어 점수를 높이려 애쓴 이유가 뭐더라? |
| ▼ | | |
| 2 | 이렇게 공부해서 내가 이루고 싶은 목표는 뭐지? | 아, 의대를 가려고 했지. 그래 서울대 의대, 그게 내 목표였어…. 아니다, 부모님이 원하는 거지. |
| ▼ | | |
| 3 | 나는 내가 이루려는 목표를 제대로 알고 있는 걸까? | 그런데 지금 내 실력으로 될까? 전혀 안 되잖아? 자료를 찾아보자. 지금의 내 실력으로는 ○○대 의대는 가능한데, 서울 쪽은 어림도 없어. |
| ▼ | | |
| 4 | 목표로 다가갈 수 있는 방법은 확인했나? | 이제 몇 개월 안 남았잖아? 서울은 일단 보류하자. ○○대 아니면 ○○대 ○○ 캠퍼스를 목표로 조정해보자. |
| ▼ | | |
| 5 | 그 목표를 이룬 다음에 뭘 할 건데? | 근데 일단 의대를 들어가도 6년간 대학을 다녀야 하고, 나와도 인턴 1년에 레지던트 4년, 그리고 바로 전문의를 따면 몇 살이지? 그러고 나면 요즘 같은 세상에 개업이 가능할까? 부모님도 그만한 재산은 없으시잖아? 그럼, 대학병원에 남아야 하는데, 대인관계 능력이 좋은 것도 아닌데, 그 긴 기간 동안 잘 지낼 수 있을까? 대학병원에 과연 남을 수 있을까? 의사들 세계는 선후배 관계가 무섭다던데, 어쩌지? |
| ▼ | | |
| 6 | 과연 이 목표를 이룬 후에 나는 행복할까? | 가만, 그런데 나는 피 보는 거 싫은데. 진료실 의자에만 앉아서 계속 환자를 봐야 한다고? 난 로봇 조립이 정말 좋은데…. 이거 정말 후회할 선택을 하는 건 아닐까? |

**공부 목표 점검 방법과 사례**

을 점검해보라고 권하고 싶다.

단계를 따라 점검하면서 선택한 진로가 과연 자신에게 맞는 것인지 그리고 훗날 어떤 결과를 맞이하더라도 부모나 주변인을 원망하거나 후회를 남기게 되지는 않겠는지 고심해보는 시간이 필요하다.

살다 보면 자신의 새로운 면을 발견해 진로를 바꾸게 되는 경우가 있다. 그렇지만 그조차도 본인의 의지로 이루어져야 후회가 없고 남을 원망하는 일도 없게 된다. 우리 인생에서 중요한 선택은 결국 자신의 몫이다. 그리고 어떤 결정을 하든 과연 자신이 행복할 수 있는지가 기준이 되어야 할 것이다.

### ⏰ 내 공부 목표는 이거야!

※ 인생에서 중요한 선택은 결국 자신의 몫이다. 그러므로 그 결정을 했을 때 과연 내가 행복할 수 있는지가 기준이 되어야 할 것이다.

## Man is what he believes.
### 인간은 스스로 믿는 대로 된다.
#### 안톤 체호프

# 직업의 시대,
# '진짜 공부'를
# 하라

# 1. 지금 필요한 건 국영수가 아니라 직업을 위한 '진짜 공부'다

**📚 읽을거리1(p74)**

이젠 원로 만화가가 된 이정문 화백이 1965년에 35년 후인 2000년대를 상상하면서 그린 왼쪽 그림을 한번 살펴보자.

소름끼치지 않는가? '만화가가 예언자도 아닌데 이렇게 정확하게 미래를 그려내다니!' 하면서 감탄하게 되지 않은가? 태양열주택, 청소로봇, 전자신문, 전기자동차, 원격강의, 화상통화 등등 달나라로 수학여행 가는 것을 제외하면 거의 다 현실이 되었다.

우리가 예상하는 미래의 모습 또는 생활상

이제 2014년에 한국인터넷진흥원에서 예상한 2045년의 미래 모습인 오른쪽 그림을 한번 살펴보자.

여러분은 이 그림을 보면 어떤 생각이 드는가? 나는 미래의 모습이라고 하기에는 식상하다는 느낌마저 들었다. 2014년에서 불과 3년 만에 사물인터넷, 3D프린터, 빅데이터, 간호로봇 등이 주요한 키워드로 부각되고 있는 것이 현실이다. '이미 3D프린터로 옷, 음식, 집까지도 만들 수 있는 세상이니 앞으로는 엄청나게 발전하지 않겠어?' 하는 생각마저 든다.

미래 세상이 달라지는 게 직업 선택과 무슨 연관이 있느냐고 묻고 싶은 사람이 있을지 모르겠다. 그렇다면 앞서 소개한 두 그림을 다시 한번 들여다보기 바란다. 그리고 그림을 통해 발전할 사업과 나타날 직업들을 찾아서 비교해보라.


1965년에 그린 그림을 보면 오늘날과 용어만 조금씩 다를 뿐 스마트폰, 청소로봇과 가사도우미로봇, 요리와 공부 관련 소프트웨어 등등 지금 우리 사회에 존재하는 관련 기업들과 직업들이 그림 한 장 안에 표현되어 있다.

이런 방식으로 2014년에 그린 그림을 보면 2045년대까지 생기고 가장 많이 퍼질 직업이 대충 보인다. 태양열에너지와 재생에너지 사업, 가정과 의료, 산업 현장과 군대에 사용될 로봇, 교육용 홀로그램이나 광범위한 데이터 분석 시스템과 그에 따른 개인별 맞춤형 광고 사업, 친환경 교통 관련 사업 등이 발전할 것이라고 어렵지 않게 예상할 수 있다. 아울러 예견된 분야에서 사람이 필요하게 될 것이라고 예측할 수 있게 된다.


⏰ **토의** 우리 시대의 미래 모습 또는 생활상 (20년 후를 기준으로)

글 또는 그림으로 표현해보자.

중학교와 고등학교 기간은 자신의 적성을 찾고, 어떤 인생을 살면 좋을까를 고민하는 과정이어야 한다. 그러므로 진학이 목적이 아닌 미래의 직업을 잘 선택하기 위한 '진로 찾기'야말로 진정한 공부가 아닐까? 그렇다면 직업과 관련된 진로를 어떻게 찾아야 할까? 앞서 제시된 그림처럼 아직 생겨나지도 않은 직업을 위해 내가 할 수 있는 진짜 공부는 무엇일까?

**첫째**, 자신의 강점과 흥미를 찾는 것이다. 즉 잘하는 것과 하고 싶은 일을 찾는 것이다. 이 두 가지는 일치할 수도 있고, 그렇지 않을 수도 있다. 스스로 파악하기 어렵다면 검사 도구를 활용하는 것도 하나의 방법이다. 다중지능검사 같은 훌륭한 도구가 많이 있다. '다중지능'은 하버드 대학교 심리학과 교수인 하워드 가드너 Howard Gardner가 1983년 그의 저서《정신의 구조: 다중지능 이론》에서 처음 언급한 개념이다. 논리·수학적 지능을 측정하는 기존의 IQ검사와 달리 다중지능은 음악적 지능, 신체운동지능, 논리·수학적 지능, 언어적 지능, 공간적 지능, 대인관계 지능, 자기이해 지능, 자연친화 지능 등을 말한다. 인간은 하나의 능력으로 재단할 수 없는 복잡한 존재다. 어떤 면에서 강점이 있는지 파악하는 데 다중지능 검사가 도움이 될 수 있다.

**둘째**, 다양한 현장을 체험하는 것이다. 직접 체험하기 어렵다면 '독서'로 보완하면 된다. 앞으로 사회가 어떻게 변할지 미래 사회를 예측하는 책, 인터넷, 미디어 자료를 찾아보고 활용하기 바란다. 가까운 곳은 직접 찾아가서 경험해보는 것이 좋다. 현실적인 한계는 시사·교양 다큐멘터리나 〈명견만리〉 같은 방송 프로그램, 그리고 관련 서적을 탐독해 보완하는 것도 좋겠다. 인터넷도 좋은 정보 탐색의 도구다. 깊은 정보를 단시간에 습득하는 데 도움이 되는 책과 보완하여 사용한다면 방대한 지식을 습득하는 데 도움이 될 것이다.

나는 특히 독서를 통한 간접경험을 권하고 싶다. 독서는 지식적인 면에서 경험치를 올려주는 데 그치지 않고, 글을 읽고 생각하는 과정 중에 분별력, 판단력, 창의력, 문제해결 능력까지도 높여준다. 오늘날 선진국이 선진국으로 인정받을 수 있었던 힘은 사람들의 꾸준한 독서와 이를 통해 쌓은 다양한 문화적 역량 덕분일 것이다. 새로운 미디어 기술이 하루하루 쏟아지지만 독서야말로 여러분의 인생에 등불이 되어줄 황금 알을 낳는 습관이다.

**셋째**, 관심 분야를 찾았다면 몰입하는 것이다. 그러다 보면 사는 게 즐겁다고 느낄 것이다. 그렇게 인생을 재미있게 살자. 자신이 찾은 관심 분야가 자신이나 남에게 해를 끼치지 않는 것이라면 무엇이라도 무방하다. 일찌감치 진로를 잡은 학생은 관심사와 연관된 특성화고등학교로 진학하는 방법도 있다. 관심사와 진로는 잡았는데 이를 펼칠 학교가 없다면 SNS 같은 관계망을 통해 관심이 비슷한 사람끼리 모이는 것도 하나의 방법이다. 동호회나 스터디그룹을 형성해 관심사를 꾸준히 공유하고 가능성을 모색하다보면 길이 열릴 수 있다.

초등학교나 중학교 시절부터 관심 분야가 확고하다면 학교 내에서 동아리 활동을 통해 관심 분야를 발전시키는 것도 좋다. 비슷한 호기심과 관심을 가진 사람들끼리 모이면 의사소통 능력이 향상되고 협응능력도 길러질 뿐 아니라 문제해결력까지 겸해서 얻을 수 있다.

사람들 사이에서 의사소통능력과 협응능력 그리고 문제해결력이라는 세 가지 능력이 합해지면 '1+1+1=3'이 아니라 '3+α'라는, 기대 이상의 능력과 결과를 얻는 경우도 많다. 나는 미래에는 이 세 가지 능력이 꼭 필요하다고 본다.

⏰ **찾기** 아직 생겨나지 않은 직업을 위해 내가 할 수 있는 진짜 공부를 찾아보자.

1. 나의 강점과 흥미 찾기(다중지능검사 결과로 정리해도 좋다.)

    – 내가 잘하는 것

    – 내가 하고 싶은 일

2. 기억나는 체험과 독서

    – 기억에 남는 체험

    – 해보고 싶은 체험

    – 기억나는 독서

## 2. 대학 간판에 기대지 말고 '생각하는 힘'으로 미래를 개척하라

### 📖 읽을거리(p88)

한번쯤 읽어보았을 그리스 신화의 이야기가 있다. 판도라의 상자를 기억하는가?

'딸바보' 아닌 '인간바보'라 할 만큼 인간을 사랑한 프로메테우스라는 신이 있었고, 이 신이 인간을 불쌍히 여겨 신들의 물건 중 하나였던 불씨를 인간에게 주었다. 그 때문에 화가 난 제우스가 그 보복으로 헤파이토스라는 신에게 부탁하여 흙으로 '판도라'란 여인을 빚어 프로메테우스의 아우인 에피메테우스에게 주었다. 제우스는 그녀를 보내기 전에 상자를 하나 선물로 주면서 "절대 열지 마!" 하고 경고했다.

그녀는 열까 말까 매일같이 고민했을 것이다. 그러다 판도라는 결국 에피메테우스가 없는 틈을 타 몰래 상자를 열었다. 그때 상자 안에서 슬픔, 질병, 고뇌, 싸움 등등 온갖 나쁜 게 튀어나와 도망갔고 오로지 엉덩이 무거운 희망이란 녀석만 판도라에게 잡혔단다.

왜 갑자기 이렇게 철학적인 이야기를 하느냐고? 지금 우리 앞에 4차 산업혁명이라는 판도라의 상자가 던져졌다 말하고 싶어서다. 이 시대를 살고 있고 앞으로도 살아가야 하는 우리 모두가 판도라다. 그리고 모든 판도라에게 각기 한 개씩의 판도라 상자가 주어진 것이다. 마음속의 제우스는 속삭인다.

"절대 열지 마."

그러나 우리는 알고 있다. 우리가 호기심을 떨쳐버리고 초연할 만큼 비인간적이지 못하다는 것을. 우리는 결국 열 것이다. 직접 열지 않더라도 결국 상자는 열릴 것이다. 판도라의 상자는 시간이니까. 그리하여 온갖 것이 다 나올 것이다. 그것은 우리의 생활과 인생까지 바꿀 확률도 높다. 신화 속의 판도라는 희망을 잡았다. 여러분은 무엇을 잡을 것인가?

내가 생각하기에는 아래처럼 세 부류의 판도라로 대응방법이 나뉠 것 같다.

판도라1 : (동동거리며 묻는다.) "엄마, 어떻게 해? 뭘 붙잡아야 해?"
판도라2 : (급한 마음에 아무것이나 잡는다.) "일단 잡고 보자."
판도라3 : (난 호랑이 굴에 들어왔어. 그래도 침착해야지.) "그래, 내가 원하는 건 이거야!"

여러분은 과연 어떤 판도라가 되고 싶은가? 상자는 열리고 있고 그 속에서 튀어나오는 어떤 것도 여러분을 배려해 준비할 시간이나 선택할 시간을 주지는 않을 것이다. 그러니 지금이라도 어떤 선택을 할 것인지 스스로 생각하는 힘을 길러라. 스스로 생각하고 스스로 판단하고 스스로 선택해라. 그래야 후회가 없다.

⏰ 토의 내가 판도라라면 어떻게 대응할까?

The world makes way for the man
who knows where he is going.

세상은 자기가 어디로 가고 있는지 아는 사람에게 길을 만들어준다.

랠프 월도 에머슨

# 직업시대를
# 준비하는 힘

# 1. 대기업이 아닌 강소기업에서 꿈을 실현하라

📚 **읽을거리**(p123)

어린 시절 "뱀의 머리가 될지언정 용의 꼬리는 되지 마라"는 얘기를 어른들한테서 많이 들었다. 어릴 때는 막연히 용의 꼬리가 더 좋다고 생각했다. 그러나 생각해보자. 전교 1, 2등을 다투는 머리 좋은 학생들은 과학고나 외국어고로 많이 간다. 그런데 한때 잘나가던 아이들이 비슷한 수준의 학생들이 모인 학교로 진학하면 중간도 못하는 경우가 자주 생긴다. 이는 머리가 나빠서도 아니고 능력이 모자라서도 아니다. 도토리 키 재기만큼도 못한 차이이지만, 성적에 따른 차이가 주는 자괴감은 아마도 그동안 살면서 느껴보지 못한 경험일 것이다. 그렇게까지 경쟁해야 할 필요가 있을까? 그렇게 박 터지게 경쟁해서 똑같은 길로 나아가도 용의 머리가 될 확률은 점점 더 줄어든다. 내가 정작 잘하는 것은 다른 아이들과 전혀 다른 것일 수도 있다는 생각을 할 여유도 없다.

조금만 달리 생각하면 뱀의 머리가 되어 미래가 보장되는 길이 보일 것이다. 강소기업이란 고용노동부가 청년들에게 작지만 강한 성장 의지와 잠재력, 고용안정성을 갖춘 유망 중소기업을 알리고자 하는 목적으로 2012년부터 정부, 자치단체, 민간 부분에서 '일자리 친화' '기술력' 그리고 '재무 건전성' 등을 기준으로 연 1회 선정하는 '작지만 강한' 우수 중소, 중견기업을 말한다(홍예지, 〈2017년 고용노동부 지정 강소기업 선정〉, 《나무신문》, 2017년 5월 29일자). 강소기업은 기업 세계의 작은 거인이다. 이러한 강소기업이 많은 나라는 독일, 미국, 일본 순이다. 중산층이 매우 두터운 사회임을 알 수 있다. 그만큼 안정성이 있어 생활이 불안할 만한 요소가 적다는 의미이기도 하다.

강소기업은 정부, 공공기관으로부터 우수 기업으로 선정되어야 한다. 임금체불이력과 업종 평균 산업재해율, 고용유지율, 신용평가등급 B- 이상 등을 고려해 고용노동부에서 최종 선정한다. 2023년도에 고용노동부가 이렇게 까다로운 기준을 적용해 강소기업으로 선정한 기업이 2만 7790개소에 이른다.

산업통산자원부는 2022년 11월 18일 '세계일류상품 인증서 수여식'을 개최했다. 66개 품목, 81개 업체를 대상으로 인증서를 수여했는데 신규 선정된 세계일류상품은 '현재 세계일류상품(세계 시장 점유율 5% 이상, 점유율 5위 이내 요건을 충족한 상품)' 21개 품목(29개사)과 '차세대 세계일류상품(7년 안에 세계 점유율 5% 가능성이 있는 상품)' 45개 품목(52개사)로 구성됐다. 업종별로는 전기전자·반도체 분야가 14개 품목으로 가장 많았고, 생물·화학 분야가 10개 품목, 보건산업 분야가 8개 품목으로 뒤를 이었다. 기업 규모로는 중소기업 60개, 중견기업 14개, 대기업 7개로 중소·중견기업이 전체 세계일류상품 품목의 91퍼센트를 차지했다.

⏰ **찾기** 청년친화 강소기업을 '워크넷(www.work.go.kr)'에서 찾아 관심 가는 업종과 기업들을 골라 기본정보와 재무정보, 채용현황 등을 살펴보고 내가 그 기업에 입사한다면 강화해야 할 능력이 무엇인지 정리해보자.

- 기업명

- 기본정보

- 재무정보

- 채용정보

- 내가 갖추어야 할 능력

## ▦ 진로활동(진로탐색): 기업정보탐색

| 항 목 | 내 용 | 비 고 |
|---|---|---|
| 회사명 | | |
| 기업비전 | | |
| 인재상 | | |
| 설립일 | . | |
| 기본기업정보 | 1) 기업형태: 대( ), 중견( ), 중소( )<br>2) 소재지<br>3) 연락처<br>4) 매출액<br>5) 영업이익 | |
| 사업아이템 | 1) 주요브랜드<br>2) 주요 제품 | |
| 채용정보 | 1) 인사제도<br>2) 채용절차<br>3) 복지<br>4) 고용조건 | |
| 내가 갖추어야 할 능력 | | |

## 2. 성찰과 사색을 통해 '본질을 보는 눈'을 길러라

📚 **읽을거리**(p140)

백설공주 이야기의 왕비를 기억하는가? 왕비는 자신이 예쁜지 어떤지 매번 거울에게 물었고, 속도 없는 거울은 매번 답을 해줬다. 그것도 근거 없는 솔직함으로. 백설공주가 예쁘게 커가는 것을 질투했던 왕비가 어느 날 거울에게 묻는다.

"거울아, 거울아, 세상에서 누가 제일 예쁘지?"

"백설공주요"라는 답에 화가 난 왕비는 권력을 휘둘러 저질러선 안 되는 범죄를 사주한다.

사실 미의 기준은 제각각이다. 만약 왕비가 아프리카 여인이었다면 까만 피부를 가질수록 미인이었을 수도 있다. 왕비가 책을 좀 많이 읽었다면 어땠을까? 그랬다면 아래처럼 스스로 자신을 돌아보고 반성하면서 한 발 더 앞으로 나아가는 선택을 했을 것이다.


"내가 거울의 말에 지나치게 흥분했어. 그래선 안 되는 거였는데…. 영원히 아름다움을 유지할 수는 없겠지. 거울의 말을 듣고 흥분하거나 질투하지 않으려면 어떻게 해야 할까? 나에겐 다른 강점이 있어. 책을 많이 읽었고 사교적으로 사람들과 잘 어울릴 수 있어. 나이에 걸맞은 기품도 있지. 하지만 앞으로 더욱 많은 책을 읽고 꾸준히 교양을 쌓을 거야. 나라의 통치자로서 부족함이 없게 말이야."


이런 마음의 여유가 있다면 살인을 교사하는 나쁜 왕비가 아닌, 현명하고 기품 있는 왕비가 되는 것으로 동화가 끝났을 수도 있겠다. 이와 같은 방식으로 생각이 또 다른 생각으로 꼬리를 물면서 사고를 확장하는 훈련 과정이 곧 사색思索이다.

사색하는 힘을 기르면 세상을 바라보는 자신만의 눈, 즉 안목이 생기게 된다.

더구나 사색하는 습관도 밑바탕이 있어야 가능하다. 그것이 바로 독서다. 책을 많이 읽다 보면 저절로 의문이 생기기도 하고, 여러 가지 생각도 하게 되면서 그 생각의 꼬리를 잡고 다양한 답을 찾게 된다. 절로 사색에 빠지는 것이다. 그렇게 생각이 깊어지는 과정이 길어지면서 사색하는 힘도 길러진다. 바로 그때 세상을 바라보는 자신만의 안목이 형성된다.

⏰ **발표** 내게 인상 깊었던 책 제목 / 내용 / 인상 깊었던 이유

| 책명 | |
| --- | --- |
| 내용 | |
| 인상 깊었던 이유 | |

# 3. 개성을 살리면 '낙오하지 않는 성공'을 할 수 있다

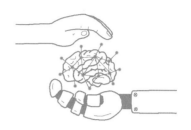

📖 **읽을거리**(p145)

"대한민국의 학생들은 하루 15시간 동안 미래에 필요하지도 않을 지식에 시간을 낭비하고 있다."

2006년 한국을 방문한 미래학자 앨빈 토플러가 한 말이다. 그렇지 않아도 우리나라 교육에 대해 나라 안에서도 계속 문제가 지적되어 온 참에 방점을 찍어주는 말이었다. 그런데 2016년 초 다보스포럼에서 4차 산업혁명이 선언된 이후 더욱 뜨거운 감자가 되어버린 것이 바로 교육이다. 이스라엘 히브리 대학교 역사학과 유발 하라리Yuval Harari 교수의 비관적 전망이 우리가 처한 교육 현실의 무게를 가늠하게 한다.

"지금 학교에서 배우는 것의 80~90퍼센트는 아이들이 40대가 됐을 때 별로 필요 없는 것일 가능성이 높다. 인공지능으로 세상이 혁명적으로 바뀔 텐데 현재의 교육 시스템은 그에 대비한 교육을 전혀 못 시키고 있다."

⏰ **토의** 위의 내용은 앨빈 토플러가 급변하게 될 미래사회에 대해 표현한 말이다. 많은 사람들이 미래에는 기계가 할 수 없는 일이 인간의 일이 될 것이라고 예측한다. 때문에 창의성이 중요시되고 있다. 인공지능이 할 수 없는 일들을 토의하고 발표해보자.

# 직업시대를 아는
# 대학생, 이미 변화는
# 시작됐다

# 1. 스타트업 창업을 하는 젊은이들이 크게 늘어나고 있다

📚 읽을거리(p182)

2020년 11월 11일자 《더스쿠프》에 의하면 스타트업 창업 후 5년까지 생존할 확률이 29.2퍼센트밖에 안 된다고 한다. 중소벤처기업부 통계에 따르면 신설법인은 2017년 9만 8420개에서 2018년 10만 2042개로, 2019년엔 10만 8874개로 늘었다. 창업에 대한 관심이 얼마나 뜨거운지 알 수 있는 지표다. 정부도 창업을 권장한다. 정부의 지원 규모가 커지니 이를 활용해 창업하는 이들도 늘고 있다. 하지만 생존은 전혀 다른 문제다. 통계에 따르면 창업 1년 차 생존율은 65퍼센트 수준이지만 3년이 지나면 42.5퍼센트로 뚝 떨어진다. 5년 차가 되면 앞서 언급했듯이 29.2퍼센트밖에 안 된다. 이렇게 쉽지 않은 환경인데 무엇 때문에 스타트업에 뛰어드는 것일까?

**첫째**, 꿈꾸고 하고 싶어 했던 것을 할 수 있다는 자유로움 때문이다. 일반 기업에 들어가면 자신이 하고 싶은 일과 상관없이 회사에서 부여한 직무에 따라 일할 수밖에 없다. 적성과 너무 안 맞으면 '내가 왜 여기서 이걸 하고 있나.' 하는 회의에 빠지게 된다. 열심히 일해 능력을 인정받더라도 그에 적합한 대우를 받지 못하는 경우가 생기면?

이렇게 되면 '차라리 창업 할래.' 하는 도전의식과 함께 '부조리한 환경에 매달리기보다 즐겁게 내 일을 찾아 시작하자.' 하는 생각을 하게 된다. 진정 원해서 시작하면 웬만한 고생은 거뜬히 이겨나갈 힘을 얻는다.

**둘째**, 자유로운 분위기에서 자신이 주도적으로 일할 수 있기 때문이다. 직장인은 기업이나 조직에서 일할 때 지켜야하는 것들이 있다. 꽉 짜인 계획을 맞춰야 하고, 내 생각과 달라도 위에서 내려온 지시에 따라야 한다. 계약 체결과 관련해서 실무는 본인이 다하면서 정작 결정권이 없는 경우도 있다. 하지만 창업을 하면 모든 것을 주도해서 하지 않으면 안 된다. 책임감이 커지는 만큼 성취감도 크다.

셋째, 경쟁보다는 협동하기 때문이다. 스타트업은 소규모로 마음이 맞는 사람들과 같이 시작하고 함께 원대한 꿈을 꾸는 경우가 많다. 차별이나 경쟁보다는 힘을 합해야 한다. 모든 일을 함께하며 어려움도 같이 극복하게 되니 팀원끼리의 유대감이 남다를 수밖에 없다. 동등한 창업 멤버이기 때문이다.

넷째, 능력이면 다 된다. 졸업장도 스펙도 필요 없다. 중요한 것은 이루고자 하는 아이디어를 이룰 수 있는 능력이다. 내게 부족한 면이 있다면 그런 능력이 있고 뜻이 맞는 사람을 자유로이 영입하면 된다.

🕐 **토의** 사람들은 왜 창업하려는 것일까? (4가지를 정리해보자.)

🕐 **찾기** 스타트업의 장점은?

🕐 **발표** 내가 스타트업 창업을 한다면?
   2. 나는 창업한다면 (  ① 이런  )분야에서 (  ② 이런 일을  )하고 싶어.

   ①

   ②

   이유 :

# 진로활동지

## ▦ 진로활동(진로탐색): 창업 관련 사이트

| 명칭 | 주요 내용 | 문의 및 신청 |
|---|---|---|
| 청년창업사관학교 | • 청년 예비창업자를 선발하여 창업 전과정 지원 | 청년창업사관학교 (http://start.sbc.co.kr) |
| 사회적 기업가 육성 | • 사회적 기업 창업 교육등 지원 | 고용노동부, 사회적기업 홈페이지 (http://www.socialenterprise.go.kr) |
| 창업넷 | • 아이디어 상업화 지원<br>• 온라인 창업강좌, 창업교육 | 중소기업청, 창업진흥원 (창업넷 http://www.changupnet.go.kr) |
| 1인 창조기업 지원 | • 아이디어 기반 1인 창조기업 설립 지원 | 중소기업청, 중소기업기술정보진흥원 (http://www.ideabizo.or.kr) |
| 온라인 재택창업시스템 | • 재택 창업시스템 | 중소기업청 스타비즈 (http://www.starbiz.go.kr) |
| 상권정보시스템 | • 상권분석정보 온라인 조회 | 중소기업청, 소상공인진흥원 상권정보시스템 (http://www.sg.smba.go.kr/) |
| 비즈인포 | • 창업/벤처 지원사업 정보 | 중소기업청 비즈인포 (http://www.bizinfo.go.kr/) |
| 예비창업자 교육 | • 창업 무료교육 제공 | 중소기업청, 소상공인진흥원 (http://eduinfor.seda.or.kr/) |
| 소상공인 창업지원 | • 신사업아이디어 지원<br>• 업종별 창업가이드(PDF) 제공<br>• 성공창업패키지 사업 제공 | 중소기업청, 소상공인지원센터 (http://www.sbdc.or.kr) |
| 청년창업지원 | • 청년층 창업지원제도 제공 | 금융위원회 산업금융과 |
| 창업멘토링 프로그램 | • 창업을 위한 멘토 제공 | 기술보증기금 |
| 가업승계지원 | • 가업승계자 교육 등 지원 | 중소기업청 석세스비즈 (http://www.successbiz.or.kr) |
| 창업보육센터네트워크시스템 | • 기술창업학교 교육<br>• 예비창업가이드(창업보육센터)<br>• 창업지원지원(창업보육센터) | 중소기업청, 창업진흥청 (http://www.bi.go.kr) |
| 청년창업 특례보증 | • 청년층(39세 이하)의 창업 촉진을 위해 창업기업의 신용도에 따라 특례 보증을 지원 | 신용보증기금 (www.kodit.co.kr) |

출처: 한국고용정보원 사이버진로교육센터

## 2. '명문대→대기업→중산층 코스'가 몰락하고 있다

### 📖 읽을거리(p199)

1347년부터 1351년 사이 유럽에 흑사병이 돌았다. 흑사병 증상을 표현한 노래 〈Ring Around the Rosie〉가 아이들 사이에 돌았다. 흑사병은 유럽 인구의 3분의 1에 해당하는 2000만 명을 집어삼켰다. 무시무시한 흑사병이란 단어를 보면 생각나는 독일의 이야기가 하나 있다. 〈하멜른의 피리 부는 사나이〉라는 동화다.

하멜른이라는 마을에 들끓는 쥐 떼를 피리 부는 사나이가 큰돈을 받기로 하고 오로지 피리소리 하나로 몽땅 유혹해서 호수에 빠뜨려 없애주었는데, 마을 사람들이 약속을 지키지 않자 마을의 아이들을 피리소리로 유혹해 언덕 너머로 사라진다는 이야기다.

이 이야기를 생각할 때마다 우리나라 중산층의 몰락이 떠오른다. 냉철하게 미래를 계획해야 할 시기에 자식만큼은 남부럽지 않게 살게 하겠다는 마음 때문에 마치 '교육에 몰빵해~'라는 피리소리를 들은 것처럼, 그 길 끝에 일어날 결과를 생각하지 않은 채 무조건 사람들이 하는 대로 따라한 것은 아닌지 생각해볼 필요가 있다는 얘기다.

우리가 중산층이라 불렀던 사람들의 몰락 이야기는 늘 비슷한 흐름을 보인다. 명문대를 포함한 대학을 나와 남들이 알아주는 대기업이나 외국계 기업에 들어가 열심히 일하면서 대출받아 집을 마련하고 아이를 낳고, 대출금과 아이의 교육비를 마련하기 위해 기러기 아빠·엄마 생활도 감수한다. 그러다 나이 50을 전후해서 회사에서 갑작스레 밀려나면 예전엔 자신을 가치 있게 해주었던 스펙이 오히려 장애가 되어 재취직도 하기 어렵다. 그러다 결국은 자영업에 돈을 대 실패하거나 택시운전을 한다. 아니면 아이들 결혼을 위해 하나 있던 집을 싼값에 내놓고 부모는 전세나 월세로 들어가는 것으로 이야기가 끝이 난다.

우리 사회에서 이런 악순환을 낳는 가장 큰 요인 중 하나가 바로 자녀에게 드는 사교육비다. 그리고 다음으로는 자녀의 결혼비용이다. 거기에 더하여 자신이나 배우자가 암 등의 질환으로 투병생활이라도 하게 되면 노년기에는 절대 빈곤층으로 떨어져 '실버 파산'을 맞기도 한다. 이 단계까지 온 사람들의 삶이 흑사병으로 인해 붕괴된 유럽의 모습과 겹쳐 보이는 이유는 무엇 때문일까? 과연 여러분한테는 부모의 저런 희생이 멋지게 보이는가?

🕐 **찾기** 피리 부는 사나이 이야기를 통해 우리 사회의 문제점을 찾아보자.

🕐 **토의** 그 문제점을 해결하기 위해서는 어떤 과정을 거쳐야 할까?

## Prejudice is the child of ignorance.

편견은 무지의 소산이다.

윌리엄 해즐릿

# 특성화고
# 학생들의 선택,
# 이미 변화는 시작됐다

# 1. 김시현, 군부사관에서 체육관 관장으로 미래를 개척하다

### – 칠전팔기의 용사, 자이툰 부대를 거쳐 헬스 트레이너로 거듭나다

📚 **읽을거리**(p208)

간절함이 통했을까? 시현이는 22살에 7번의 도전 끝에 마침내 제1공수부대 특전부사관이 될 수 있었다. 청학공업고등학교에서 내가 1학년 담임교사를 맡고 있을 때 시현이는 따뜻한 5월 한 달여 기간 동안 가출을 했다. 그때의 일이 고등학교 출석 기록에 고스란히 남았다. 거기에 발목이 잡혀 내내 떨어졌던 부사관의 꿈을 드디어 이룬 것이다.

설마 하니 면접에서 출석부 기록을 볼 줄은 몰랐을 것이다. 하지만 출결은 학교생활 동안 성실성이나 책임감을 확인할 기록이라서 어찌 보면 성적보다 중요하다. 시현이는 자신이 면접관이어도 출석 현황을 봤을 거라고 했다. "에이, 잘 좀 다닐 걸!" 하고 처음 면접을 보면서 비로소 깊이 후회했다.

고등학교를 졸업한 후 건축 현장에서 미장일을 하던 그에게 공수부대 부사관은 간절한 꿈으로 다가왔다. 그래서 몇 번이고 도전했다. 그 정성을 보고 선뜻 보증을 서준 모병관과 그런 그의 거듭된 도전을 알게 된 면접관들의 호의로 드디어 부사관이 되었다. 뼈저린 후회를 동반한 성취였고 말할 수 없이 뿌듯한 경험이었다.

시현이는 수없이 많은 훈련을 이겨내고 인정받으면서 자신감이 올랐다. 그렇게 시간이 지나 바다에서 UDT 훈련을 받는 날이었다. 이 훈련을 거치다보면 사점死點이 온다. 물속에서 필요한 산소가 부족해 죽을 고비에 다다르는 경험을 하게 되는 것이다. 그에게도 그 순간이 왔다. 죽음이 코앞에 있을 때 두 사람이 생각났다고 한다. 어머니와 고교 시절 그를 고비에서 잡아주었던 내가 떠오르면서 겨우 사점에서 벗어날 수 있었단다.

부사관 시절 시현이는 정말 열심히 훈련받고 근무했다. 그러던 어느 날 자이툰 파병의 기회가 그에게 찾아왔다. 해외 파병이라니… 이왕 특전부사관이 되었으니 한번쯤 해외 파병도 다녀오고 싶었다. 거기까지 다녀오고 나면 어떤 어려움에도 굴복하지 않는 강한 남자가 될 것이라는 생각에 도전하게 되었고 무난히 뽑힐 수 있었다.

이라크의 평화 재건이라는 목적 아래 전쟁 지역 한가운데서 하는 대민봉사가 자이툰 부대 병사들의 일이었다. 전쟁터라는 긴장감 속에서 고된 일과가 반복되었다. 그렇게 시간이 흘러 그는 27살에 제대했다. 그러고는 어느 날 연락이 왔다. 나를 만나고 싶다는 얘기였다.

함께 만난 자리에서 자이툰 파병 때 포상으로 받은 시계를 내가 차고 있던 낡은 시계와 바꿔 찼다. 꼭 그렇게 하고 싶었단다. 늘 함께하고 싶다는 마음의 표현이었다. 제자의 그런 마음에 얼마나 가슴이 뭉클하고 벅찼던지 한동안 여러 선생님들한테 자랑하고 다녔다. 지금도 그 시계를 고이 간직하고 있다.

시현이는 군 제대 후 사업을 했다. 하지만 2번을 실패했다. 답답한 마음이 들던 차에 워킹홀리데이를 알게 되었다. 영어를 전혀 못하는 그가 새로운 기회를 찾아 선뜻 호주로 떠났다. 군 생활에 앞서 했던 미장일을 하는 와중에 영어도 공부하면서 점점 자신감이 붙었다.

시간이 지나면서 삶에 여유가 조금 생기자 룸메이트 동생과 지역 스포츠센터에서 운동을 시작했다. 동생이 그가 운동하는 모습을 보고는 엄지를 치켜들며 "형이 운동할 땐 즐거워서 나도 따라하고 싶어져"라고 말했다. 후배의 그 한마디가 그의 인생에 전환점이 되었다.

고등학교 1학년 때는 마음을 잡지 못했던 시현이는 3학년 때 철이 들면서 부반장을 맡기도 했다. 지금도 이따금 안부전화를 걸어올 뿐 아니라 만나서 사제의 정을 나누고 있다. 특성화고 출신의 특전사 지망 후배들에게 경험을 나누는 일도 하고, 봉사단을 만들어 지역에 봉사도 다니고, 교도소에 가서 재능기부를 하는 등 정말 훌륭한 청년으로 성장해 지역사회에서 큰 역할을 하고 있다.

요즘은 헬스 트레이너로서 부족한 학문적 기반을 갖추고자 용인대학교 체육과에서 공부도 하고 있다. 그야말로 '일과 학습을 병행'하면서, '선취업 후진학'을 실천하고 있는 셈이다. 다음엔 대학원도 진학할 계획이란다. 그렇게 미래를 꿈꾸며 오늘도 피트니스 클럽의 관장으로 열심히 일하고 있다.

## ⏱ 3분 인터뷰

아무것도 하지 않으면 아무 일도 일어나지 않는다

자이툰 부대를 제대하고 야심 차게 사업을 시작했지만 두 차례 연거푸 실패하는 어려움을 겪었다. 위기를 극복하고 재기할 수 있었던 계기는 결국 사람이었다. 위기를 이겨내면 기회가 된다. 또한 위기에 처하면 진정 내게 힘이 되는 사람이 누구인지 비로소 알게 된다. 위기에 다시 빠지지 않기 위해, 그리고 스스로 일어날 힘을 얻기 위해 나는 스스로 발전해야 할 필요성을 느꼈다. 다시 공부에 힘을 쏟는 이유다.

**코로나19 상황으로 피트니스센터를 운영하는 데 어려움은 없나요?**

두 번의 실패를 딛고 배수의 진을 치고서 피트니스 사업을 시작했습니다. 더 물러날 곳이 없다는 절박감 때문에 많이 힘들었죠. 그런데 그게 끝이 아니었어요. 임대 문제로 갑자기 피트니스센터의 문을 닫아야 하는 위기가 닥쳤거든요.

바로 그때 오랜 시간 회원들께 성심을 다한 노력이 보답으로 돌아왔습니다. 또한 주변에 도움이 되고 싶어 꾸준히 봉사한 일도 힘이 되어주었습니다. 결국 사람이 힘이었습니다. 제가 위기에 빠지니 도와주시는 분들이 많았거든요. 그 덕분에 코로나 상황이지만 불황을 모르고 잘 운영하고 있습니다. 철저한 방역으로 센터를 관리한 것도 한몫했죠.

저 스스로 업그레이드해야겠다는 생각이 들어서 용인대 체육학과에 진학했는데, 사업을 정상화하느라 졸업을 못 하고 있습니다. 사업이 안정되면 대학 졸업이 우선순위로 올라가겠지요?

**특전사를 지망하는 후배들에게 경험을 나눠주고 있다면서요?**

학창 시절 제가 선생님께 도움을 많이 받았잖습니까? 세상을 잘 모르는 고교 시절 한때의 실수가 훗날 얼마나 뼈저린 아픔으로 다가오는지 누구보다 제가 잘 알죠. 다행히 저는 그 위기를 잘 헤쳐 나왔고 해외 파병을 다녀온 경험까지 있으니, 특전사를 염두에 둔 후배들에게 멘토 역할을 할 수 있다고 생각했습니다.

현재 특전사 부사관을 지망하는 15명의 후배를 위해 멘토 역할을 하고 있습니다. 선생님이 강남영상미디어고에 계실 때 가르치셨던 제자가 4년 3개월의 군복무를 마치고 전

역한 뒤 최근에 제 제자가 되었습니다. 하하하!

### 지금도 봉사활동과 재능기부를 하고 있나요?

예전부터 봉사단을 만들어 지역봉사와 재능기부를 꾸준히 해왔습니다. 대우휘트니스센터 나눔회를 만들어 크리스마스의 기적을 실천하는 일을 하고 있는데, 매년 약 500만원의 장학기금을 조성해서 인천 부평구 청천2동 지역에 있는 다문화 가족의 주택 개량을 위해 도움을 주고 있어요. 쾌적하게 생활하실 수 있도록 실내 인테리어를 개량하는 등 보금자리 만들기에 기부하는 봉사활동도 하고 있고요. 또 전세 임대주택의 계약금을 마련해서 특전사 동기, 특전사 제자들과 함께 이사를 도와드리는데, '청천2동의 숨은 영웅들'이라는 제목으로 신문에 소개되기도 했습니다. 쑥스럽지만 지금의 제가 뿌듯하고 자랑스럽습니다.

### 장학금 전달도 꾸준히 하고 있는 것으로 알고 있는데 앞으로 어떤 계획이 있나요?

선생님이 아시는 것처럼 저는 매우 어렵게 고등학교를 졸업했잖아요? 가정 형편도 어려웠지만 신중하게 진로를 선택해야 할 시기에 방황하느라 학교생활을 제대로 하기 어려웠습니다.

그런데 사회생활을 하고, 사업을 하면서 공부를 시작해야겠다는 생각이 들더군요. 이런 생각을 하게 된 것도 방황하던 시절 선생님께서 저를 잘 잡아주신 덕분입니다. 그 고마움을 어찌 잊겠습니까?

조금이나마 보답하는 의미에서 선생님이 근무하시는 학교 학생 중에 가정 형편이 어렵지만 성실하게 학교생활을 하는 학생들에게 도움을 주고 싶습니다. 선생님이 이전에 계시던 학교에서 장학생을 선정해 도움을 주었던 것처럼요. 올해는 모교 학생에게도 장학금을 기탁하고 싶은데, 선생님께서 장학생을 발굴해주시면 고맙겠습니다.

### 후배들에게 하고 싶은 말이 있나요?

제가 휘트니스센터에서 수강생들에게 자주 하는 말이 있습니다. "아무것도 하지 않으면 아무 일도 일어나지 않는다.", "행동으로 논리를 대변하고, 결과로써 과정을 입증한다." 이것이 저의 생활신조입니다. 마찬가지로 후배들에게 "말보다 행동"이라고 외치고 싶습니다.

⏰ 군 복무를 군부사관으로 마치고 체육관 관장으로 미래를 개척한 이야기와 군부사관 제도를 읽고 느낀 점을 적어보자.

⏰ 3분 인터뷰를 읽고 느낀 점을 적고 발표해보자.

Happiness is when what you think,
what you say, and what you do are in harmony.

행복은 생각하고 말하고 행동하는 것이 일치할 때 찾아온다.

마하트마 간디

## 2. 박태준, 삼성중공업 입사 후 부산대를 졸업하다

– 세계여행을 즐기는 배낭족 삼성맨, 여행작가로 등극하다

📚 **읽을거리**(p220)

"태준아, 합격했다!" 그는 2006년 당시 인천기계공고에서 영민한 학생이었다. 그러나 전국기능경기대회 메달리스트도 아닌 그가 삼성중공업에서 직원을 뽑는다는 소식을 듣고 도전했는데 무난히 합격한 것이다.

어머니는 외아들인 그가 공고를 졸업한 후 특성화고 특별전형으로 연세대나 고려대에 진학하기를 원했다. 태준이는 충분히 갈 수 있는 실력이 있었다. 그런데 인천기계공고에서 산학협력취업부장을 맡고 있던 나는 때마침 거제도에 있는 삼성중공업에서 신입사원을 뽑는다는 사실을 알게 되어 취직을 권유했다. 괜찮은 대학을 보내고 싶은 어머니의 로망과 나 사이에 갈등이 생길 수밖에 없었다.

직접 가서 보고 판단하는 게 어떻겠느냐는 나의 권유에 따라 거제도까지 같이 내려간 태준이는 회사 시설과 기숙사 등을 살펴보고 또 면접을 보면서 이 회사에 취업하고 싶다는 마음을 갖게 되었다. 그러나 어린 그로서는 어머니를 설득하는 일이 쉬울 리 없었다.

꾸준히 계속된 나의 설득과 가고 싶다는 자식의 바람 때문에, 대학 진학을 이렇게 포기해야 하나 싶은 마음을 안고서 어머니는 결국 허락해주었다. 그렇게 그는 삼성중공업에 입사했다.

거제도로 내려가서 체력시험과 면접 등 3차례에 걸친 시험을 볼 때였다. 면접관은 태준이가 중학교와 고등학교 시절 스스로 원해서 몽골을 비롯한 여러 나라를 혼자서 배낭여행으로 다녀왔고, 풍토병으로 고생까지 했다는 경험담을 듣고 상당히 흥미를 보였다. 고등학생이 혼자서 배낭여행을? 그의 도전정신이 글로벌 인재를 추구하는 삼성중공업의 인재상에 맞아 떨어진 것이다.

졸업도 하기 전에 삼성중공업으로 취업해서 내려간 기간은 학교에서 현장실습으로 처리되었다. 태준이가 내려간 지 몇 달 뒤 나는 그를 방문했다. 잘 지내고 있는지, 아이에게 어려움은 없는지 추수지도를 겸해서 내려갔을 때 일에 만족해하는 그를 만날 수 있었다.

삼성중공업은 군대 경력을 호봉으로 인정해주고 복직을 인정해준다. 기숙사비나 밥값은 거의 무료에 가까워서 특별히 돈 쓸 일도 없었다. 그런 여러 가지 조건이 그에게는 분명 혜택이었다. 태준이는 자기를 보러온 나에게 약속했다. "군대 가기 전에 1000만 원을 저축해서 보여드릴게요."

취업 후 몇 달 안 되는 기간 동안 실제로 돈을 모아 군대 가기 전에 학교로 찾아와서 환하게 웃으며 통장을 보여주었다. 시간이 지날수록 차곡차곡 돈이 모여서 어머니에게 보태드릴 정도로 여유도 생겼다. 효자 노릇을 단단히 한 셈이다. 이제는 어머니도 그때의 선택을 잘했다며 만족해하신다.

태준이는 여행을 좋아한다. 삼성중공업을 다니면서도 그의 여행은 계속되었다. 연차와 월차를 몽땅 모으면 두 달 정도의 기간이 되는데 그 기간 동안 아프리카와 남미 여러 나라를 다녀온 후 2016년도에는 여행담을 책으로 2권이나 출간했다. 세계 여러 나라 사람들을 만나며 얻게 된 다양한 경험을 잘 녹여냈다는 평가도 받았다. 그가 또 다른 직업, 여행작가로 등단한 순간이었다. 이제는 사보에 글을 올리면서 회사 홍보를 하는 것은 물론이고 주변 동료들에게 동기를 부여하는 일까지 하고 있다.

태준이는 저서에서 생기는 수익금의 일부를 기부금으로 사용하고 있다. 그는 동양인으로는 처음으로 킬리만자로를 산악자전거로 등반했다. 자신의 가이드와 함께 말이다.

그는 부산대학교를 졸업했다. 사내대학이란 제도를 활용해 퇴근 후 방과후 수업을 듣고 과제도 냈다. 일하면서 하기 힘든 일정이었지만 즐거운 마음으로 교육대학원에 진학하여 이제는 교사의 꿈을 키워나가고 있다. 그는 35살의 나이에 남들이 부러워하는 연봉을 받으며 15년 차 삼성맨이라는 자부심을 안고 삼성중공업 현장을 종횡무진 누비고 있다.

선취업 후학습으로 경제적 기반을 다지고 워라밸을 이루다

지금의 나를 정의한다면, 어느덧 15년 차 경력을 갖춘 노련한 엔지니어에, 텃밭이 있는 전원주택을 소유한, 워라밸을 즐기며 세계여행을 다니는, 행복한 사람이라고 감히 말하고 싶다.

**선취업 후진학 제도가 유용했나요?**

프로스트의 〈가지 않은 길〉이란 시가 떠오릅니다. 고교 시절 대학 진학을 선택한 친구들을 보면서 제가 느낀 심정이 이 시에 고스란히 담겨 있다고 생각합니다. 살면서 중요한 선택의 기로에 서는 경우가 종종 있잖아요? 이만큼 세월이 흐르고 나니 제가 지나온 길이 보이더군요. 저는 남들과 달리 선취업을 선택했기에 경제적 안정을 일찍 이룰 수 있었습니다. 또한 현장 경험을 통해 실무에 필요한 기술을 훨씬 빨리 터득하고, 경력도 쌓았습니다. 그래서 지금은 후회하지 않습니다. 후배들에게 선취업 후진학 제도를 충분히 고려해보라고 권하고 싶습니다.

**5년이 지난 지금 직장생활과 개인생활에 어떤 변화가 생겼나요?**

버킷리스트를 실행하며 워라밸을 즐기고 있습니다. 어느덧 경력 15년 차의 노련한 엔지니어가 되었죠. 그사이에 우수한 성적으로 대학을 졸업했고, 직장에서 여러 프로젝트를 성공적으로 수행한 덕에 진급도 했습니다. 근속연수가 늘어날수록 제가 사용할 수 있는 연차도 늘어서 자전거로 4000킬로미터 유럽 종단하기, 사하라 사막에서 별 보기, 적도에서 물구나무서기, 다양한 경험을 책으로 출판하기 등등 고교 시절 만들어놓은 버킷리스트를 하나씩 지워나가고 있어요.

능력과 경력이 쌓이자 해외 현장으로 파견근무를 나갈 기회도 생겼죠. 외국인 동료들과 함께 근무하며 엔지니어로서 제 능력은 한층 업그레이드되기도 했습니다. 그간 해외 파견근무로 미뤄왔던 대학원에 진학하여 공부를 계속할 생각입니다.

해외에서 돌아와 파견 기간에 모은 돈으로 큰 밭이 딸린 전원주택을 샀습니다. 옥수수와 고구마 등을 직접 심고 가꾸는 전원생활의 재미에 푹 빠져 퇴근 이후 일상을 행복하게

보내고 있습니다.

15년 차 직장인이 되고 나서 돌이켜보니 취업이라는 선택이 제 인생의 폭을 넓혀주기도 했고, 여유로운 삶이라는 선물로 돌아왔습니다. 최근 피아노와 색소폰을 배우기 시작했어요. 이처럼 앞으로도 하고 싶은 것을 하나하나 실행하면서 삶을 더 윤택하게 만들 생각입니다.

**후배들에게 하고 싶은 조언이 있나요?**

진로 선택에 정답은 없다고 생각해요. 다만 더 좋은 선택은 있다고 봅니다. 험난한 길일지라도 자기가 한 선택이라면, 노력해서 전화위복의 기회로 삼을 수 있다고 생각합니다. 진학은 그 시절 내가 가지지 못한 것, 해보지 못한 것에 대한 갈망일 뿐이라고 생각의 각도를 조금 바꾸면 전혀 다른 길이 보인다고 말해주고 싶어요. 저는 남들보다 직장생활을 좀 더 빨리 시작했어요. 진학과 취업이란 선택의 순서가 바뀌었을 뿐인데, 선취업 후 진학으로 인생이 훨씬 윤택해졌습니다.

저는 높은 자리나 큰 권력을 위해 노력하기보다는 가족들과 여유로운 일상을 보내며 평범하게 사는 삶을 원했고, 지금 그렇게 살 수 있다는 사실에 무척 감사하고 행복합니다. 비록 명성 있고 유명한 선배는 아니지만 행복한 삶을 사는 모습을 보여줄 수는 있다고 자부합니다. 그렇기 때문에 후배들에게 워라밸을 즐기며 행복한 삶을 사는 길도 생각해보라는 말을 해주고 싶습니다.

⏰ 삼성중공업에 다니면서 사내대학으로 부산대학교를 졸업한 이야기와 사내대학에 대하여 요약 정리해보자.

⏰ 3분 인터뷰를 읽고 느낀 점을 적고 발표해보자.

You can't hit a home run
unless you step up to the plate.
You can't catch a fish unless you put
your line in the water.
You can't reach your goals if you don't try.

타석에 들어서지 않고는 홈런을 칠 수 없고 낚싯줄을 물에 드리우지 않고는
고기를 잡을 수 없다. 시도하지 않고는 목표에 도달할 수 없다.

캐시 셸리그먼

## 3. 김선호, 학교기업 창업 후 자동차부품기업에 취업하다

– 고교 창업 CEO 경험을 살려 해외영업으로 뻗어나가다

📚 **읽을거리**(p228)

2003년 인천기계공고에서 산학협력취업부장을 맡았던 나는 꾸준한 비즈쿨 활동을 통해 학교기업의 필요성을 느끼고 있었다. 그러던 중에 인천광역시교육청 주관으로 우리 학교가 학교기업 시범학교로 선정될 기회를 얻었다. 2년의 시범사업 끝에 학교기업 '스쿨모터스'가 정식으로 문을 열었다. 학교기업은 학교가 주관이 되며 학교장이 CEO가 된다. 그다음 해 자동차학과 3학년이던 선호는 내 권유를 따라 창업동아리를 만들었다. 이름 하여 창업동아리 '클린모터스'의 시작이었다.

리더로서 참 잘하고 있다는 생각에 사업자등록을 해서 창업동아리의 의미를 살려 사업을 해보라고 권했다. 선호는 창업 관련 워크숍에 참석하며 본격적으로 공부를 했다. 학생CEO로서 사업자등록도 했다. 투자금을 유치하기 위해 선생님들을 대상으로 사업설명회도 가졌다. 선호의 활동을 기특하게 여긴 선생님들의 도움으로 400만 원의 투자를 받을 수 있었다. 그것이 종잣돈Seed Money이 되었다. 중소기업청에서 주관하는 창업동아리 지원사업에 참가하여 부족한 자본금을 충당할 기회도 생겼다. 대학생들과의 경쟁에서 당당히 선정되어 300만 원의 상금을 확보한 것이다. 클린모터스 창업동아리 학생들은 모두 선호의 리드에 잘 따라주었고 선호도 정말 열심히 했다. 그러다 보니 수익금도 생겼고 동시에 자동차 사업에 어느 정도 자신감도 얻었다.

인천기계공고를 졸업한 후 사회 경험을 쌓고자 선호는 자동차 용품점에 취업하고 싶어했다. 그리고 어렵지 않게 취업에 성공할 수 있었다. 자동차 계통 학업에도 관심이 많아 인하공업전문대학 자동차과에 진학했다. 인천기계공고 시절 학생CEO로 활동한 경험이 계속 도전할 수 있는 원동력이 되어주었다. 낮에는 기술을 배우며 일하고, 야간에

는 전문 지식을 배우며 학업에 집중했다. 배움이 깊어지며 자동차 정비 기술에 자부심이 생긴 선호는 대학을 졸업한 후 자동차정비숍을 차렸다. 하지만 뜻대로 되지 않아 실패했다. 원인을 찾아보니 그중 하나가 마케팅과 영업관리였다. 비록 실패는 했지만, 창업할 때 무엇을 염두에 두고 해야 하는지 경험을 쌓을 수 있었기에 실패가 아프지만은 않았다.

절망하지 않고 더욱 더 많은 경험과 기반을 쌓기 위해 선호는 자동차 네비게이션을 만드는 회사에 입사했다. 해외시장에 주력하는 중견기업으로 9개의 법인을 두고 있는 회사였다. 이 때문에 출장이 잦아 영어는 물론 제2외국어를 사용해야 하는 일이 많았다. 특성화고에서는 영어수업의 분량이 적기도 하고, 선호 자신이 영어보다 기술을 좋아했기에 영어에는 울렁증이 있었다. '미리 영어 공부 좀 해둘 걸⋯.' 하고 후회했으나 마냥 손 놓고 있을 수는 없었다. 아쉬운 사람이 우물을 판다고 했던가. 선호는 정말 간절하게 영어에 매달렸다. 그러자 조금씩 실력이 늘었다. 얼마 되지 않아 무리 없이 해외출장이 가능했다. 캐나다, 미국, 러시아, 중동, 유럽 등을 누비면서 그곳 사람들이 정비하는 것을 눈여겨보다 보니 그곳의 기술자들이 대우를 받으면서 일하는 모습이 인상적이었다고 한다. 그제야 고교 시절 내가 진로상담을 하면서 호주행을 권했을 때 듣지 않은 것을 후회하기도 했단다.

이제는 후배들을 만나면 멋진 기회를 놓치지 말라고 충고하곤 한다.

"학교에서 호주와 관련해서 자동차정비기술자가 필요한데 지원할 사람이 있냐고 하면 무조건 손들어."

노력을 아끼지 않은 덕분에 그는 이제는 영어도 두렵지 않고 경험도 충분히 쌓아 해외출장을 멋지게 해내고 있다. 그리고 언젠가는 자기 회사를 다시 차릴 생각이다. 실패와 성공이 맞물린 다양한 경험이 자신을 CEO가 되게 해줄 것이라는 믿음이 있기 때문이다.

## ⏱ 3분 인터뷰

### 고교 시절 동아리 활동을 통해 기술과 경험을 쌓다

나는 인천기계공업고등학교 시절 스쿨모터스 창업동아리 활동을 통해 자동차 정비 기술과 경험을 쌓았다. 그 시절 익힌 기술과 경험이 지금의 나를 이루는 기반이 되었다.

**신입사원 시절 생각나는 에피소드가 있나요?**

자동차 내비게이션 회사인 오토모티브 제조 회사에 입사했을 때의 일입니다. 해외 고객사로 가서 자동차를 완·조립할 때 우리 회사 제품을 중간에 장착하는 과정의 조립라인에 문제가 생기지 않도록 점검하고 교육하는 업무를 맡았습니다. 출장 업무가 무사히 마무리되어갈 때쯤 갑자기 문제가 발생한 거예요. 완·조립된 차량을 출고하기 전 검수하는 장소에서 우리 회사 제품이 장착된 차량에서만 검수 불합격된 차량이 다수 발생하는 문제가 생겼습니다.

조사 결과 자동차 후진 시 후방감지 기능이 작동하지 않았기 때문이었어요. 이 문제로 우리 회사 제품에 대한 신뢰가 깨질 위기에 처했고, 공장 조립라인 가동이 중지되었습니다. 정말 머리가 하얗게 될 만큼 암담했습니다. 바로 그때 고교 시절 자동차 정비 동아리에서 수도 없이 했던 정비 경험이 큰 힘을 발휘했어요. 불합격 차량을 점검하며 자동차 회로도를 재빨리 확인하기 시작했죠. 고객사는 우리 회사를 노골적으로 의심하고 있었기 때문에 필사적인 마음으로 완·조립된 차량의 부품을 하나씩 분해하기 시작했습니다. 이미 완성된 자동차를 다시 뜯는다는 건 정말 부담스러운 일입니다. 바로 돈 내고 살 수 있는 상품을 그 자리에서 분해해버리는 것과 다름없으니까요. 상품성이 없어지는 거잖아요?

결과적으로 다른 공장에서 조립되는 부품에 커넥터를 제대로 꽂지 않아 발생한 문제라는 사실을 밝혀냈습니다. 해당 부분을 증거 사진으로 찍어 고객사에게 설명하여 오해를 풀 수 있었습니다. 큰 문제를 해결하고 나니 우리 회사에 대한 고객사의 신뢰가 엄청 높아졌습니다. 위기가 곧 기회라는 말을 실감한 소중한 경험이었습니다.


**고등학교를 졸업한 뒤 일하면서 대학을 다닌 선호 군의 입장에서 취업과 진학에 대한 솔직한 생각을 들려주세요.**

저는 고교 시절 자동차 정비 동아리 활동에 푹 빠져 있었습니다. 정비를 하면 할수록 부족한 점이 너무 많다는 사실 때문에 자동차 공부를 더 많이 하고 싶었어요. 그래서 인하공업전문대학교 자동차학과에 진학해 낮에는 자동차 용품점에서 일하고 밤에는 대학에서 공부했습니다. 그런데 당시 제 주변엔 특별한 목적이나 목표 없이 막연히 진학을 선택한 친구들이 많았습니다. 그래서 그런지 그 친구들은 대학생활을 그저 그렇게 하더라고요. 그런 모습을 볼 때면 저는 차라리 먼저 취업해서 경험을 쌓고, 부족한 부분이 보이면 그때 가서 공부하는 편이 좋겠다는 생각이 들었습니다. 취업의 문 앞에서 학력이라는 요소를 무시할 수 없는 것은 사실이지만 평생학습 시대에 무의미하게 대학생활을 하느니 선취업 후학습 제도를 활용해 진짜 공부를 하는 게 중요하다고 생각합니다.

### 후배들에게 따로 하고 싶은 조언이 있나요?

고교 시절 자동차 정비 학교기업에서 익힌 특별한 경험과 학생CEO 활동 경험이 직장생활을 할 때 큰 힘이 되었습니다. 저는 후배들에게 성적을 높이기 위한 공부만이 전부가 아니라고 말해주고 싶어요. 자기만의 특별한 활동을 만들거나 다양한 경험을 쌓기 위해 뭔가에 푹 빠져보는 경험을 꼭 한번 해보라고 얘기하고 싶습니다.

### 학교 교육에 대해 바라는 점이 있나요?

정신없이 직장생활을 하다가 학교기업 스쿨모터스가 문을 닫았다는 소식을 들었습니다. 저와 함께한 선생님들과 친구들의 땀과 열정이 가득한 추억의 장소이기도 하고, 진짜 공부를 하던 터전이었기에 추억이 많습니다. 폐업하게 된 데에는 그만한 사정이 있겠지만, 거기서 배운 기업가 정신 그리고 경영과 경제 관련 지식 등 고교 시절 교과목에서 익힐 수 없는 많은 것을 배웠던 곳이기에 안타깝습니다. 모쪼록 기업가 정신이나 생활경제처럼 교과서에 나오지 않지만 이후 직장이나 사회에서 꼭 필요한 것을 체득할 수 있도록 도와주는 교육 프로그램이 많이 생기면 좋겠습니다. 정말 필요하거든요.

⏰ 학교기업에서 창업하여 학생CEO가 된 이야기를 읽고 느낀 점을 적어보자.

⏰ 3분 인터뷰를 읽고 느낀 점을 적고 발표해보자.

So many of our dreams
at first seem impossible,
then they seem improbable,
and then, when we summon the will,
they soon become inevitable.

우리의 꿈은 대부분 처음에는 불가능해 보이고, 얼마의 시간이 지나도
실현되지 않을 것처럼 보이지만, 어느 순간 꼭 이루겠다는 의지를 발휘하면
반드시 이룰 수 있는 무엇으로 변모한다.

크리스토퍼 리브

## 4. 이고은, 대학 진학 대신 한국산업은행에 취업하다
### – 인천특성화고 중에서 최초로 4차 최종면접까지 통과하다

📚 **읽을거리**(p237)

"고은아, 너 붙었어! 4차도 붙었어!" 고은이가 영종국제물류고등학교 3학년이던 시절, 성적이 우수한 학생들은 대부분 대학 진학을 염두에 두고 있는 분위기였다. 졸업 후 진학을 희망하는 경우가 70퍼센트나 되었다. 그런 분위기 속에서 고은이는 '인서울' 하지 못할 경우엔 차라리 취업할 생각이었다. 그러던 때 고졸취업정책으로 인해 'SKY' 대학 출신들도 부러워한다는 은행 중의 은행, 한국산업은행에서 고졸채용 공고가 났다. 나는 이것이 큰 기회라는 것을 알았고 이를 놓치면 안 되겠다는 생각에 성적이 우수한 학생들의 마음을 진학에서 취업으로 돌리는 일명 '마인드 전환 대작전'에 돌입했다.

처음엔 꿈쩍도 않던 학생들에게 우리은행의 고졸 채용설명회에 가서 설명을 듣게 했다. 그리고 지속적인 상담을 한 끝에 응시하는 쪽으로 마음을 돌릴 수 있었다. 다행히 고은이를 비롯하여 5명의 학생이 우리은행에 합격하는 쾌거를 거뒀다. 덕분에 대학 진학만 생각하던 다른 학생들의 진로에 대한 마음도 서서히 취업을 고려하는 방향으로 흐르기 시작했다.

성적이 좋은 학생들이 대학 진학과 은행권 취업을 마음의 저울에 올려놓고 가늠해보기 시작한 것이다. 그렇게 조금씩 취업 쪽으로 기울기 시작했다. 3학년 1학기 때 일찌감치 취업이 확정된 고은이는 취업과 동시에 대학 진학을 병행하여 두 마리 토끼를 다 잡고 싶은 마음이 생겼다. 이 때문에 '선취업 후진학'을 지원하는 제도를 찾아보는 등 입사 후 미래까지 준비하는 열성을 보였다.

고은이는 우리은행에 합격했지만 때마침 산업은행에서 고졸채용 공고가 뜨자 새로운 도전을 시작했다. 하지만 산업은행은 채용절차도 까다롭고 경쟁도 치열했다. 경쟁을 통과하려면 엄청난 스펙이 필요한 것이 아닌가 싶기도 했다.

당시는 워낙 대학에 진학하려는 분위기가 팽배해 있어 은행권 지원의 기본 자격증인 은행텔러 자격증 하나 취득한 학생이 없었다. 물류특성화고등학교였기에 일부 학생들이 물류 관련 자격증과 회계, 그리고 컴퓨터 관련 자격증을 취득한 정도였다. 이런 이유로 고은이는 자기소개서를 쓸 때 다른 금융계열 학생들처럼 화려한 스펙은 없었지만, 교내·외 행사에 적극적으로 활동한 경험을 부각시켰다.

다행히 1차를 합격했으나 2차를 준비하자니 참으로 막막했다. 왜냐하면 학교 과정에는 금융 관련 교육이 없었기 때문이다. 그런데 산업은행은 다른 은행권 고졸채용 공채와 달리 2차 시험에 금융 관련 지식을 점검하는 논술과정이 있었다. 백지 상태에서 맨땅에 헤딩하는 심정으로 나는 방과후 특별지도로 고은이에게 집중적으로 논술지도를 시작했다. 다행히 잘 따라와 주어 짧은 시간에 금융지식을 쌓을 수 있었다. 결국 고은이는 2차 시험까지 합격해 주변 사람들을 깜짝 놀라게 했다. 학교에서 배우지도 않은 교과를 소화하고 시험까지 통과한 것이다.

3차 시험은 합숙면접이었다. 특히 인상적인 것이 체육대회 면접이었다. 고은이는 운동을 잘하는 편도 아니었고 얌전한 축에 속하는 아이라 당황할 수밖에 없었다. 그러나 기지를 발휘하여 응원을 열심히 하는 등 적극적인 모습을 보이면서 3차 시험도 통과했다. 선수로 나오지는 못했지만 응원하고 동료를 배려하는 모습이 면접관에게 좋은 인상을 준 것 같았다.

이제 마지막 관문인 4차 시험, 임원면접이 남았다. 나이 어린 고등학생이 감당하기에는 너무나 어려운 고비였다. 그러나 여기서 포기할 수는 없었다. 나는 그동안 합격자를 배출한 서울 모 학교의 전문가를 모셔서 최종 면접을 준비했다. 마침내 고은이는 4차 임원면접까지 통과하고 최종 합격하는 영예를 얻었다.

'꿈은 이루어진다'고 했던가? 입사 후 산업은행에 '사내대학'이란 제도가 생겼다. 회사에서 대학을 마칠 수 있는 제도였다. 고은이는 사내대학을 통해 그렇게 갈망하던 대학 진학의 꿈도 거머쥘 수 있었다. 집 가까운 인천 지점에서 근무하면서 대학 과정까지 무사히 마쳐 결국 두 마리 토끼를 다 잡는 행운을 누렸다.

고은이는 산업은행에 입사한 후 《매일경제신문》에 고졸채용 이후 우수 신입사원으로 보도되면서 대졸 못지않은 실력을 인정받고 직장생활을 잘할 수 있음을 보여주는 선례로 남았다. 하지만 합격은 끝은 아니다. 중요한 것은 은행 업무를 제대로 잘하는 것이었는데, 이때 특성화고의 '추수지도'가 한몫 단단히 했다. 특성화고는 입사한 후에도 추수지도를 통해 학생들이 취업한 업체 내에서 겪는 애로사항과 문제점을 살펴 졸업 후에도 잘 성장할 수 있게 돕고 있다.

고은이는 대한민국 금융의 1번지라는 여의도 본사로 발령받아 이제 10년 차 베테랑 행원으로서 당당히 그 역할을 다하고 있다.

⏰ 한국산업은행에 취업하고 사내대학에서 대학을 마친 이야기와 사내대학에 대하여 요약 정리해보자.

## Step by step. I can't think of any other way of accomplishing anything.

한 걸음 한 걸음 단계를 밟아가라.
그것이 무언가를 성취하기 위해 내가 아는 유일한 방법이다.

마이클 조던

# 5. 단예진, 19살에 국가직 9급 공무원이 되다
### – 취업도 진학도 스스로 선택할 수 있는 물류특성화고등학교에서 길을 찾다

📖 **읽을거리**(p243)

중학교 시절부터 대학교는 가고 싶지 않다는 생각을 했다. 특별히 이유가 있어서라기보다는 공부에 별 흥미가 없었고 친구들과 어울려 지내기를 좋아했다. 그런데 중학교 3학년 시절 집이 외진 곳으로 이사하게 되면서부터 조금씩 공부에 관심이 갔다.

고등학교 진학을 고민할 때쯤 무엇을 할까 생각하다가 특성화고로 진학하면 대학을 갈 수도 있고 취업도 할 수도 있다는 사실을 알게 되었다. 그런 선택을 스스로 할 수 있다는 점에 마음이 끌렸다. 취업과 진학이라는 갈림길에서 어느 쪽을 선택하든 자기 의지로 결정이 가능한 것이다. 그 사실이 마음에 들어 결국 특성화고로 진학하기로 마음먹었다.

부모님은 은근히 대학 진학을 바라셨던 것 같지만 직접적으로 드러낸 적은 없으셨단다. 성적에 대해서도 말씀하신 적이 없다고 했다. 예진이는 부모님이 자신을 믿어주고 있다는 사실에 늘 고마워했다. 특성화고로 간다고 했을 때 부모님은 그녀에게 그 이유를 물었다. 아마도 부모님 입장에서는 뜻밖의 이야기였을 것이 틀림없었다. 하지만 평소 예진이의 의견을 존중해주시던 부모님은 결국 예진이의 뜻을 헤아려주었다.

특성화고로 진로를 선택하고 보니 커트라인이 있다는 것을 알게 되었다. 할 수 없이 공부를 열심히 했다. 커트라인은 넘어야 하니까. 떨어지고 싶지 않았다. 목표가 분명하니 공부에 진척이 있었고 결국 영종국제물류고등학교에 합격하게 되었다.

고등학교 생활을 하는 동안에도 어머니는 딸이 대학에 진학하기를 은근히 원하셨다. 예진이도 그걸 알았지만 어머니와 함께 간 취업박람회에서 취업 쪽으로 마음을 굳히게 되었다. 나는 취업박람회 참관을 학생과 부모가 동행하는 형식으로 진행했는데, 아마도 그것이 결정적인 역할을 한 것 같다. 취업박람회장에서 어머니와 함께 온 예진이를 만났다. 어머니와 같이 상담하는 동안 점점 취업에 관심을 보이는 예진이의 모습이 느껴졌다. 예진이는 취업박람회장에서 다양한 진로의 길이 열려 있다는 사실을 깨달았단다.

"그래, 무엇을 하든 내가 쏟은 노력만큼 이룰 수 있어!"

2학년이 된 어느 날 예진이는 학교에 붙은 공고를 보았다. 공무원 시험에 대한 공고였고 선생님들도 추천해주었다.

"너라면 잘 할 거야. 한번 해봐."

갑작스럽게 찾아온 기회였다. 하지만 목표를 세우면 해내는 끈기와 집중력이 있던 예진이는 결국 합격했다. 모두가 부러워하는 공무원의 길이 열린 것이다. 그런데 일하는 곳이 멀어 집을 나와 혼자 살게 되었다. 외로움이 덮치며 우울증에 시달렸다. 하지만 가족과 주변 동료의 도움 속에서 우울증을 이겨냈다. 이제는 당당하게 자신의 미래를 위해 또 다른 도전을 꿈꾸고 있다.

## ⏱ 3분 인터뷰

**취업 후 7년이 지난 지금, 나는 또 다른 꿈을 꾼다**

지금 내 일을 좋아하지만 머물러 있기엔 아직 젊고 하고 싶은 일도 많다. 그래서 나는 오늘도 새로운 목표를 세우고 시야를 넓혀줄 경험과 활동에 참여하려고 노력한다.

### 취업 당시 고졸이라고 차별받지는 않았나요?

집합교육처럼 각 지역에서 오는 공무원 연수 당시 앳된 모습이어서 그런지, 대학을 졸업했는지 공채 전형으로 들어온 것인지에 대한 질문을 적지 않게 받았습니다. '지역인재'라는 저의 대답이 몇몇 사람들에게는 성골과 진골처럼 혈통을 따지는 척도에 부합하지 못했기 때문인지 모르지만, 질문했던 분들로부터 그다지 환대를 받지 못한 기억이 있어요. 지역으로 발령받은 동기들과 이야기를 나눠보면 가끔 그런 시선을 받은 적이 있다고 해요. 하지만 동기들 역시 자기 자리에서 맡은 일을 묵묵히 잘 해내고 있더군요.

개인적인 능력과 기관의 인사 사정에 따라 편차는 있지만 벌써 7급으로 승진한 동기들이 있다는 사실만 봐도 고졸이라는 이력 때문에 우리의 업무능력에 의구심을 가질 이유는 없다고 생각합니다. 제 경우 현장에서 고졸이라고 업무에서 차별받는 부정적인 경험은 대단히 드물었어요.

### 선취업 후진학 제도를 활용해 진학할 마음이 있나요?

단지 학위 취득을 위한 진학이라면 대답은 'NO'입니다. 제 주변에 일하면서 대학에 가거나 자기계발을 할 수 있다고 힘을 실어주는 분이 많이 계셨어요. 실제로 근무하면서 야간 대학교를 다니거나, 방송통신대학교나 학점은행제 등을 활용해 학위를 딸 기회는 많은 편입니다. 그런데도 제가 아직 대학에 진학하지 않은 이유는 흥미를 끄는 학과가 있는 대학을 찾기가 쉽지 않았고, 학위 취득만을 목적으로 하는 진학은 시간 낭비이자 돈 낭비라고 보는 제 가치관에 반하기 때문이었어요.

### 공직생활을 계속할 수 있었던 원동력이 있나요?

공직에서 일하며 인간 대 인간으로 서비스와 보람을 주고받을 수 있었습니다. 도움이 필요한 민원인들에게 도움을 드리면 제게 고마움을 표하는 분들이 계십니다. 비록 말 몇 마디지만 일한 보람을 느끼게 해주는, 가장 큰 활력소거든요. 그렇게 재충전하고 다시 일할 힘을 얻습니다.

### 공무원 직종에서 일하면서 느낀 점을 간략히 얘기해주세요.

제 힘으로 경제력을 갖게 되니 또 다른 목표가 생겼어요. 저는 지금 직장이 평생직장이 될 것이라는 고정관념에 매여 있지 않거든요. 여기서 힘을 다해 만족스럽게 일하다가 다른 기회가 생기면 도전할 겁니다. 그게 무슨 일인지는 구상 중이라서 함부로 말하기는 어려우니 이해해주세요.

공무원이라는 직종이 안정적인 것은 사실이지만, 그 때문에 새로운 일에 도전하고자 할 때 마음에 장애가 되는 부분도 있습니다. 어떤 때에는 좀 답답한 마음이 드는 것도 사실이고요. 그럴 때 이 길로 쭉 가는 것만으로 과연 괜찮을까 하는 질문을 수없이 합니다. 하지만 제가 저를 믿지 않으면 누가 저를 믿겠어요?

100세 시대를 사는 우리는 필연적으로 제2, 제3의 직업을 탐구하지 않으면 안 되는 현실에 살고 있어요. 어쩌면 공직에도 변화의 바람이 부는 시기가 오지 않을까 하는 생각도

들고요. 시대의 흐름에 따라 유연하게 대처할 수 있도록 자기계발을 게을리하지 않을 생각입니다.

**후배들에게 하고 싶은 말이 있나요?**

제 인생 목표가 무엇인지 자세히 설명할 수는 없지만, 저처럼 지역인재 전형을 준비하고 있거나 하고 싶은 후배들에게 꼭 해주고 싶은 말이 있어요. 열심히 공부해서 공무원이 되었다면 그 자리에 흠뻑 빠져 열심히 일하며 보람을 느껴보라는 거예요. 공직에 대해 깊게 생각해보지 않은 상태에서 덜컥 시험에 붙으면, 일하면서 오랜 시간 이게 맞는 길인지 아닌지 방황할 수 있어요. 그럴 때는 주변 사람들의 판단과 시선에 흔들리지 말고 자신을 믿으라고 말해주고 싶습니다.

⏰ 특성화고를 졸업하고 공무원이 되는 방법을 요약 정리해보자.

⏰ 3분 인터뷰를 읽고 느낀 점을 적고 발표해보자.

# 6. 최한음, KT&G 입사 후 평생학습을 시작하다
#### – 칠전팔기의 도전으로 마침내 꿈을 이루다

### 📚 읽을거리(p251)

"또 떨어졌어? 도대체 왜? 어쩌니, 힘들어서…." 한음이의 고개가 뚝 떨어졌다. 1차 합격만 7번째다. 2차 면접에서는 왜 자꾸 떨어지는 걸까? 한음이는 친구들과 선생님들을 볼 면목이 없다고 고개를 떨궜다. 축 처진 어깨를 보니 내 가슴이 아려왔다.

영종국제물류고에서 진로취업담당부장으로 있었던 나는 은행에서 직원 선발 공고가 뜨자 당시 3학년이던 한음이와 친구들에게 알려주었다. 영종국제물류고는 상업계 고등학교로서는 유일하게 남학생이 있다. 은행권에서 고졸을 채용할 때는 여학생을 선호하는 편이다. 그렇지만 적은 수라도 남학생도 필요하기에 은행권에 관심 있는 남학생이라면 당연히 공채에 응시할 자격이 있다. 전국적으로도 상업계 특성화고 출신의 남학생은 수가 적어서 경쟁률이 여학생보다는 낮은 편이다. 진로상담을 담당하는 나로서는 이런 좋은 기회를 놓치고 싶지 않았다.

3개 학급밖에 안 되는 조그만 학교에서 무려 5명의 우리은행 합격자가 나왔다. 그중 2명이 남학생이었다. 그런데 매번 한음이가 빠져 있는 것이다. 시중 은행권에 취업한다는 것은 일반고 학생들이 'SKY' 대학에 붙는 것만큼이나 어려워 매우 자랑스러운 일이었다. 이로 인해 지방신문에 보도가 나가고 영종물류고등학교가 특성화고등학교 중에서도 명문으로 이름을 날리는 계기가 되었다.

금융권의 취업 기회는 계속 다가왔다. 한음이는 1차는 붙고 2차에서 줄기차게 떨어졌다. 그래도 뜻을 꺾지 않고 도전을 계속했다. 하지만 2차 탈락이 계속되자 의기소침해지는 것은 어쩔 수 없었다. 괜찮은 취업처는 대개 학교의 추천이 있어야 하는데 한음이는 실력도 있고 의지도 강했던 터라 다른 친구들에 비해 꽤 많은 기회를 누린 것은 사실이었다. 그런데 추천이 무색하게 계속 낙방하니 주변 친구들과 선생님들을 볼 면목이 점점 없어진 것이었다.

낙담하긴 했으나 도전을 멈출 수는 없었다. 7번째 떨어지고 난 이후 한음이는 자신을 돌아보게 되었다. 2차에서만 자꾸 떨어지는 원인을 찾고 싶었다.

'도대체 내가 어디가 어때서? 실력 되지, 의지도 충분하지, 목소리 나쁘지 않고, 발표 잘하고, 외모는 당연히 남자답고….'

'그래, 남자답지. 지나치게 남자답지. 만약 내가 은행창구에서 고객을 상담한다면 겁을 주려나? 그래! 이거였구나!'

자신의 약점을 파악한 한음이에게 은행권보다 더 좋은 기회가 찾아왔다. 담배인삼공사의 후신인 KT&G에서 고졸 공채 공지가 뜬 것이다. 한음이는 희망이 훅 다가오는 것을 보았다. 놓칠 수 없는 기회였다. 이번에도 1차는 단번에 붙었다.

"그래, 이제 2차 면접 준비하자."

면접하는 날 그는 자기소개서를 차트로 만들어 둘둘 말아 가지고 들어갔다. 한음이는 특유의 배짱으로 면접관 앞에서 차트를 쫙 펼치고는 자신을 당당하게 소개하는 호기를 부렸다. 그의 당당함과 자신감, 그리고 패기가 면접관의 마음을 움직였다.

"심봤다! 아니, 합격했다!"

한음이는 칠전팔기의 노력과 의지를 보여줬다. 8번의 도전 끝에 마침내 좋은 직장에 취업하게 된 것이다. 신입사원 연수를 대졸자와 똑같이 받았다. 똑같은 직무를 수행하면서 자신의 부족한 부분을 채우기 위해 아침에 1시간 더 일찍 출근해 업무를 준비했다.

어렵게 입사한 터라 누구에게도 지고 싶지 않았다. 그렇게 자존심을 지켜냈고, 이제는 '사보'에 우수사원으로 소개될 만큼 자신의 자리에서 역할을 충실히 수행하고 있다.

공사는 군대를 가도 경력을 인정받는다. 또한 호봉 승급도 좋고 안정적이어서 누구나 가고 싶어 하는 일명 '신의 직장' 중 하나라 할 수 있다.

한음이는 경희대학교 사회교육원에서 부족한 학업을 병행하는 '선취업 후진학'으로 대학 과정을 마쳤다. 이제는 경영대학원에 진학할 꿈을 안고 주경야독하며 하루를 바쁘게 보내고 있다.

# ⏱ 3분 인터뷰

1등이 아니어도 괜찮아, 한 걸음씩 걸어가면 돼

평범한 고졸로 시작한 내가 30대를 코앞에 두고 있다. 특별히 잘난 인생도 아니고, 남들이 부러워할 정도의 인생을 살고 있다고 말하기는 어렵지만, 하늘에 부끄럽지 않을 정도로 살고 있으니 행복한 편이라 자부한다. 10급 고졸 사원으로 시작해 일반영업사원에서 핵심영업사원이 되었다가 지사관리(인사, 서무, 판매) 업무를 거쳐 현재는 서울 강남에 있는 KT&G 본사에서 근무 중이다.

**근황을 알려주세요.**

회사생활을 하다 보니 공부해야 할 필요를 느껴 경희대학교 사회교육원 4년 과정을 마쳤습니다. 지금은 인천에서 본사로 옮겨 근무 중입니다. 일찍 입사한 덕분에 대학 졸업하고 들어온 친구들보다 제가 호봉이 더 높습니다.

**직장생활을 어떻게 잘 적응할 수 있었나요?**

처음 입사했을 때 할 수 있는 일이 별로 없었어요. 가만히 책상에 앉아 있거나, 책 읽기, 간단한 업무 지원 정도가 업무의 전부였다고 해도 과언이 아니죠. 돌이켜보면 이해하기 어렵지만 당시에는 입사한 지 얼마 안 되었을 때라 제게 주어진 일에 당황하곤 했죠. 사실 입사해서 일하다 보면 모두 자기 업무에 바빠 신입이라고 해도 실질적인 도움을 주긴 어렵거든요. 이런 과도기에 많은 친구들이 실망하여 퇴사를 생각하기도 하고 실제로 그만두기도 합니다. 그런데 제가 경험해보니 고졸 사원 중 특히 남학생들에게는 이때가 인생이란 긴 여정의 스타트라인을 정할 수 있는 시기가 아닐까 싶습니다.

입사 후 고정적인 업무가 생기지 않아 실망감도 들었지만, 인턴 수습기간에 저는 회사의 문화, 규정, 지침, 복리후생 등 전반적인 문화를 익히고 분위기에 적응하려고 노력을 많이 했습니다. 아울러 선배와 상사분들께 저를 각인시키기 위해 신경을 많이 썼습니다. 고등학교를 막 졸업하고 들어온 친구들은 직장 선배들에게 그저 귀여운 동생 정도일 뿐입니다. 〈미생〉이라는 드라마를 본 분이라면 공감하실 거예요. 딱 그 상황이라고 보면 됩니다. 바로 그때 저는 직무에 따른 업무를 파악하고, 회사의 전반적 경영 시스템을 파악하기 위한 노력을 게을리하지 않았습니다. 이게 나중에 큰 도움이 되었어요.

**직장생활에서 오는 어려움을 극복하는 방법이 있나요?**

보통 입사 후 3~4년이 지나면 느끼는 감정이 있어요. '퇴사가 답이다.', '혹은 내가 왜 이러고 살지?' 같은 생각이 훅 치고 들어오죠. 하루하루가 바쁘고 고되기 때문에 어떨 때는 사람 사는 인생 같지 않다고 느끼기도 하고요. 그래도 멈추면 안 되는 게 있습니다. 바로 자기계발을 위한 노력이죠.

야간 대학교, 주말 대학교, 대학원, 자격증 등 필요하다고 생각되면 끊임없이 자기계발을 위해 노력하세요. 나중에 느낄 겁니다. 고졸과 대졸의 초봉 차이는 있기 마련입니다. 하지만 노력하면 이 간극을 줄일 수 있습니다. 우리는 20살부터 직장생활을 시작한다는 사실을 꼭 기억하세요. 시간의 힘을 잘 활용하면 대졸사원과의 연봉 격차를 극복할 수 있을 겁니다.

**후배에게 해주고 싶은 조언이 있나요?**

저의 경우 늘 옳은 선택을 했다고 생각하지는 않지만 매사에 최선을 다할 수밖에 없더라고요. 지칠 때도 있고 힘들 때도 있겠지만, 열정과 끈기로 포기하지 말고 끝까지 도전하는 삶을 살 수 있길 바랍니다. 젊을 때 해외여행도 많이 다니길 권합니다. 안목이 넓어질 거예요. 그리고 한 가지 더. 실패를 두려워하지 마세요! 실패는 결국 우리 인생을 풍요롭게 하는 밑거름이 될 것이고, 발전의 계기로 삼는다면 멋진 어른으로 성장할 수 있으리라 생각합니다.

⏰ 고교 졸업 후 평생학습으로 일과 학습을 병행하는 이야기와 학점은행제에 대하여 읽고 요약 정리해보자.

⏰ 3분 인터뷰를 읽고 느낀 점을 적고 발표해보자.

Success is not final and failure is not fatal.
It is the courage to continue that counts.

성공은 최종적인 게 아니며 실패는 치명적인 게 아니다.
중요한 것은 지속하고자 하는 용기다.

**윈스턴 처칠**

# 7. 김현지, 외국계 기업에 취업한 뒤 숭실대학교를 졸업하다

**– 경험을 바탕으로 전문성을 기르는 길을 모색하다**

### 📖 읽을거리(p261)

LSG스카이셰프 한국지사 구매팀에서 근무한 지 3년 6개월이 넘어간다. 항공기 기내서비스에 사용할 신문, 세탁물과 기타 서비스 물품들을 구매하다 보니 외국에서 구매할 일도 꽤 있어 영어는 기본이다. 현지는 고등학교 시절부터 영어회화를 열심히 공부한 결과 업무에서 톡톡히 덕을 보고 있다.

현지가 다니는 회사는 사장님은 영국인이고, 셰프는 호주인이다. 영어를 접할 기회가 많고 기본적인 업무도 영어로 메일을 주고받으니 어학 실력이 계속 늘 수밖에 없는 구조다. 하지만 입사 초기에는 외국계 기업의 시스템에 익숙하지 않아 힘들었다. 나이가 어리다고 실수를 봐주는 법도 없었다. 이 때문에 힘은 많이 들었지만 맡은 일을 잘 수행하게 되니 계속해서 어려운 지시가 내려왔고 요구사항도 많아졌다.

스트레스가 커지면서 급기야 입사한 지 1년 6개월 만에 퇴사를 염두에 두고 모교인 영종국제물류고를 찾아와서 나에게 어려움을 호소했다. 회사를 그만두고 대학 진학을 하고 싶다며 상담을 청했다. 나는 직장생활이란 다 고비가 있으니 6개월만 참고 해보라고 다독여 돌려보냈다. 2개월 정도 지났을까? 현지 아버님이 기쁜 목소리로 전화를 하셨다.

"현지가 승진했습니다. 선생님, 고맙습니다."

아시아 본사가 있는 홍콩으로부터 승진 소식이 온 것이다. 입사 지도에서부터 고비일 때 현지를 격려해준 것을 고맙게 느끼신 모양이었다. 현지는 함께 입사한 대졸사원보다 먼저 승진한 첫 사례가 되었다. 외국계 기업은 역시 학력보다는 능력을 중시하고 능력 있는 사원을 인정해주고 성장시키는 시스템이 확실하게 되어 있다.

열심히 하면서도 그래도 혹여 모자랄까 싶어 현지는 토익학원도 다니고, 체력 관리를 위해 정기적으로 운동도 하고 있다. 그녀는 자신의 강점을 책임감과 더불어 어학 실력과 체력으로 생각하고 있다.

항공사에 물품을 납품하는 일을 하다 보니 생각지도 못한 일이 언제든 일어날 수 있다. 그러니 대처 능력도 좋아야 한다. 업무 경계가 분명해서 담당자가 없으면 문제가 생기기 쉬운 까닭에 한밤중에 전화를 받아야 하는 일도 있어 핸드폰은 항상 옆에 두고 생활한다. 어떻게 보면 퇴근해도 근무시간과 다를 바 없음에도 이제는 오히려 그런 부분이 마음에 든단다. 알아서 일하고 스스로 책임지는 것이 주체성이 강한 그녀와 잘 맞기 때문이다.

현지는 근래 '선취업 후진학' 제도 중의 하나인 '재직자 특별전형'으로 숭실대학교 국제무역학과에 들어갔다. 산업대학과 달리 지원이 많지 않아 학비 부담이 있지만 스스로 벌어서 충당하니 문제될 것은 없었다. 그러나 대학을 가기 위해 몇 가지 해결할 문제가 있었다. 24시간 내내 긴장을 늦추지 않고 처리해야 하는 그녀의 업무를 학교에 있는 시간만큼은 누군가가 메워줘야 한다는 것이었다. 다행히 회사에서 현지의 학업에 대한 의지가 본인의 발전뿐만 아니라 회사에도 도움이 된다고 판단해 대학졸업자를 대체인력으로 채용해 그녀가 대학 가는 시간 동안 대신 일하도록 배려해주었다. 현지라는 훌륭한 인재를 놓치고 싶지 않았기 때문일 것이다. 현지는 회사와 임시직 직원에게 감사하는 마음으로 오늘도 열심히 전문성을 기르기 위해 노력하고 있다.

현지는 중학교 때 스스로 특성화고 진학을 선택했다. 어린 나이에 인문계 고등학교와 대학교는 그냥 듣고 적고 졸업하는 게 전부인 것으로 보였다. 과연 그런 공부가 자신에게 도움이 될까 의문스러웠던 것이다. 현지는 업무에 사용할 수 있는 교육을 해주면서 취업까지 연계해주는 특성화고가 마음에 들었다. 그렇게 그녀는 특성화고에 진학한 뒤 꿈을 발전시켜 외국계 기업에 취업한 것이다. 업무가 숙달된 때 대학에 입학해 강의를 들으니 대부분의 내용이 머릿속에 구체적으로 그려질 정도였다.

"이 부분은 내 업무에 이렇게 적용하면 되겠네! 그래, 나도 이런 적이 있었어. 이럴 때는 이렇게 해서 풀 수 있겠구나. 과장님이 그때 나에게 서류를 주었을 때 상대는 이러이러한 처리를 했겠구나…."

실무에서 가졌던 의문을 공부하면서 풀어나갈 수 있겠다는 생각이 들자 의욕과 더불어 자신감이 불끈 솟았다.

'이래서 경험이 정말 중요한 거야!'

경험한 사람들은 공부하는 내용에 대한 이해가 빠를 수밖에 없다. 지금 배우는 것을 업무에서 활용할 생각을 하니 바쁜 와중에 대학에 다니느라 들이는 시간과 비용이 전혀 아깝지 않다. 헛돈을 쓰는 게 아니니까. 그런 그녀도 속상한 때가 있단다. 기껏 직장 일을 마치고 서둘러 학교에 갔는데 '휴강'이라는 공지가 붙어 있으면 화가 난단다.

현재 현지는 자신감이 넘치는 커리어우먼으로 성장하고 있다.

⏰ 외국계 기업에 취업하고 재직자특별전형으로 일과 학습을 병행하는 이야기와 재직자특별전형을 읽고 느낀 점을 적어보자.

Studies indicate that the one quality
all successful people have is persistence.
They are willing to spend more time accomplishing
a task and to persevere in the face of many
difficult odds. There is a very positive relationship
between people's ability to accomplish any task
and the time they are willing to spend on it.

연구 결과에 따르면, 성공하는 사람들이 공통적으로 지닌 한 가지 자질은 끈기다.
그들은 기꺼이 더 많은 시간을 들여 일을 성취하며 갖가지 역경 속에서도
불굴의 의지를 잃지 않는다. 사람들이 일을 성취해내는 능력과 그 일에 기꺼이 들이는
시간 사이에는 아주 명확한 상관관계가 있다.

조이스 브라더스

## 8. 오미양, 강소기업에 취업한 뒤 산업대학교를 졸업하다
　– 취업해서 경력을 쌓고 대학은 내가 번 돈으로 다니겠어

📚 **읽을거리**(p268)

가정 형편이 어려워 중학교 시절부터 미양이는 대학 진학은 염두에 두지 않았다. 인문계 고등학교로 가서 대학 진학을 해도 무난한 성적이었으나 집에서 대학 학비를 대줄 형편이 되지 않으리라는 것을 일찌감치 알고 있었기 때문이다. 뉴스에서 간간이 청년 실업률이 높다는 이야기를 들었고, 대학 등록금을 은행 대출로 마련해야 한다는 사실도 인지하고 있었다.

'만약 대학을 갔다고 치자고. 그럼 쭉 학자금 대출을 받아야 하는데, 취직이 안 되거나 늦어지면 어떻게 될까? 난 빚지는 건 싫어!'

미양이는 어려도 빚은 지지 않겠다는 신조가 있었다. 그런 그녀의 눈에 어느 날 특성화고가 들어왔다. 그중 물류고가 마음에 들었다. 경쟁력이 있겠구나 싶었다.

그렇게 들어간 고등학교 시절은 정말 행복했다. 다른 학교에 비해 선생님도 많았고 중학교 때보다 선생님과 학생들의 관계가 돈독했다. 학생 수가 100명 정도밖에 되지 않다 보니 친구들과의 관계도 그렇고 선후배 관계도 아주 좋았다. 좋은 선택을 했다는 사실에 뿌듯했다.

고등학교 1학년 때에는 진학을 염두에 두는 아이들이 꽤 있어서 미양이도 진학을 염두에 두기도 했다. 친구 따라 강남갈 수도 있지 하는 마음이었나 보다. 고등학교 2학년이 되면서 진로상담부장으로 있던 나에게 '선취업 후진학'에 대한 이야기를 듣고 공감이 되었는지 생각이 바뀌기 시작했다.

'맞아, 취업부터 해서 경제력을 갖자. 필요하면 내가 벌어서 대학 가지, 뭐!'

물류회사에 들어간다는 생각은 미처 못 했다. 그런데 얼떨결에 면접 본 곳에 떡 하니

붙은 것이다. 너무 쉽게 풀린 게 아닌가 싶은 생각이 들 정도였다. 그렇게 사회생활의 첫 발을 디뎠다.

처음 1년은 힘들었다. 회사 내 인간관계, 상사와의 관계, 업무 외에도 꽤 복잡한 것들 이 있었다. 학교에서는 경험해보지 못한 일들이 그녀를 짓눌렀다. 하지만 하루하루 지나 가고 해가 바뀌면서 업무에 손에 익고 인간관계를 어떻게 해야 하는지도 알게 되었다. 조 금씩 경험이 쌓였다.

회사에 완전히 적응하고 나니 마음에도 여유가 생겼다. 그간 무조건 처리했던 업무에 대해 궁금한 것들이 자꾸 생겼다. 경력도 있는데 왜 그렇게 하는지 모르고 막연히 일하는 것에 자존심도 상했고, 이왕 하는 일인데 왜 그렇게 돌아가는지 이유나 알면서 일하자 싶 었다.

대학을 가야겠다고 생각했다. 고졸 직장인을 위한 여러 전형 중 오로지 직장인만을 위 해 특화된 청운대학교로 진학을 결정했다. 일하면서 4년제 산업대학교인 청운대학교를 다니기 시작했다. 배움이 깊어지면서 궁금했던 것들이 하나씩 풀려갈 때마다 대학에 진 학하길 잘했다고 생각했다.

일하랴 공부하랴 뛰다 보니 하루가 어떻게 가는지 모를 때도 있었다. 시험 때는 잠이 모자라 좀비처럼 다니기도 했다. 그래도 만족스러웠다. 5학기를 넘어가는 동안 성적도 우수했고 국가장학금까지 받았다. 2개 학기는 학비 면제를 받았고, 2개 학기는 20만 원 정도씩만 들었다. 입학해서 현재까지 들어간 돈은 180만 원도 안 되고, 그마저 스스로 번 돈으로 충당한 것이었다.

학비 대출을 받은 적 없으니 빚도 없다. 스스로 번 돈으로 자기계발을 할 수 있다는 만 족감이 그녀를 행복하게 했다. 취업하지 않고 대학에 진학한 친구들을 가끔 만나 이야기 를 나누다 보면 다들 부러워하는 눈치다. 대학 다니느라 대출도 많이 받았고 실업률이 나 날이 심각해지니 자기들도 그 대열에 끼게 될까 봐 많이 불안하다는 것이다. '차라리 먼 저 회사 다니고 진학했더라면 이런 고민을 하지 않았을 텐데.' 하며 후회하는 친구들을 볼 때마다 마음이 편하지는 않다. 모두 잘 풀리길 바라는 마음이다.

⏰ 고교 졸업 후 취업한 뒤 일학습병행으로 산업대학교에 다니는 이야기와 산업대학교에 대하여 읽고 요약 정리해보자.

If you want to be respected by others,
the great thing is to respect yourself.
Only by that, only by self-respect will you
compel others to respect you.

타인에게 존경을 받고 싶다면 가장 중요한 일은 자신을 존경하는 것이다.
그렇게 함으로써만이 타인의 존경을 받게 될 것이다.

**도스토옙스키**

# 9. 신우흠, 창업동아리에서 배운 정신을 발휘하여 도전, 또 도전하다

## ‒ 글로벌 인재가 되기 위해 일본 어학연수를 마치고, 영국 유학을 준비하다

📖 **읽을거리**(p274)

"우흠아, 너 중국어 정말 잘한다. 그런데 우리말 수업은 이해되니?"

중학교 1학년 2학기 때 중국에서 전학을 온 우흠이는 영종국제물류고등학교에서 꼴찌를 하다시피 했다. 한국어가 서투르기 때문이었다. 그래도 학교생활에 참 열심이었다.

2학년 때는 창업동아리 회원으로 가입해서 부지런히 활동했고, 3학년이 되어서는 컴퓨터 조립 실력을 발휘해 창업도 했다. 그야말로 고등학생이 CEO가 된 것이다. 낮에는 열심히 공부하고 밤에는 사업에 몰두해 10개월 만에 1000만 원의 순이익을 남겼다.

그 덕분에 창업동아리 대표 자격으로 나와 함께 일본 학생들과 이루어지는 창업캠프에 참여했고, 캠프가 끝나자 일본 대학을 방문해 견학도 했다. '피나는 노력'이란 표현이 아깝지 않은 학생이었다. 뜨거운 열정 앞에선 언어장벽이란 그저 시간이 필요할 뿐인 사소한(?) 문제였나 보다. 어느 날부터인가 그는 우리말을 유창하게 하더니 일본어에도 도전했다. 하루는 한국어를 모국어로 하는 아이들도 따기 어려운 '펀드투자상담사' 자격증을 취득했다며 웃기도 했다.

우흠이는 일본 창업캠프를 다녀온 뒤 일본에서 취업할 계획을 세웠으나 나이 때문에 취업할 방법이 없자(당시 만 17세), 고등학교 졸업 후 일본으로 워킹홀리데이를 신청하려 했다. 그런데 그마저 같은 이유로 무산되어 어학연수 형식으로 일본에 혈혈단신으로 떠났다.

부족한 일본어 실력은 현지에서 공부하며 결국 극복해냈다. 단 1년 사이에 일과 언어라는 두 마리 토끼를 잡은 것이다. 현재 우흠이의 일본어 실력은 거의 일본 원어민 수준이다.

'이제는 국제 공통어인 영어를 정복하자!'

일본 어학연수를 마치고 돌아온 그는 영국 유학을 준비하고 있다. 한국의 대학은 학문 탐구보다는 취업을 위한 스펙 경쟁에 치우쳐 있다고 보았기 때문이다. 어린 나이에 언어 장벽을 극복하고 한국어, 중국어, 일본어를 유창하게 해내더니 이제는 영어까지 차분하게 단계를 밟아 미래를 준비하는 우흠이가 기특하고 대견할 뿐이다.

하이텍고등학교에서 진로직업상담부장을 맡게 된 나는 우흠이가 하이텍고등학교 창업동아리 학생들에게 좋은 롤모델이 될 것이라는 사실을 믿어 의심치 않았다. 그래서 학생CEO 때의 경험담을 들려줄 수 있겠느냐고 요청했고, 그는 자신의 경험담을 재능기부 특강으로 풀어냈다. 그가 후배들에게 한 말의 요지는 "경험이 인생에서 제일 중요하더라"였다. 그는 후배들을 독려했다. 도전하라고. 해외로 나가 그들의 문화를 직접 체험해 보라고.

참, 고등학교 3학년 시절 우흠이가 학생CEO일 때 번 1000만 원은 어떻게 활용했을까? 그는 그동안 자기 때문에 고생하신 부모님을 위한 일본 효도여행 경비, 자신의 발전을 위한 일본 어학연수비로 사용했다.

나는 우흠이를 생각하면 앞으로 무엇으로 성공할지 벌써부터 궁금해진다. 환하게 웃으며 당당하고 멋진 모습으로 돌아올 날을 기대해본다.

⏰ 특성화고교 시절 창업동아리 활동으로 학생CEO가 되고 해외에서 어학연수와 대학을 다니고 있는 이야기를 읽고 느낀 점을 적어보자.

⏰ **찾기** 특성화고를 졸업한 9건의 사례에서 가장 마음에 와 닿았던 사례를 골라 그 이유를 적어보고, 내가 그러한 경우라면 어떻게 하는 것이 좋을지 생각을 정리해보자.

# 진로활동지

### 🔲 진로활동(진로탐색): 선취업 후진학 제도

선취업 후진학 제도에 대하여 알고 있는 바를 정리하고 체크해보자.

| 체크 항목 | 세부 내용 | 비고 |
|---|---|---|
| 내가 진학하고 싶은 대학에는 희망학과가 있는가? | 1) 학과와 직무 관련성<br>2) 직장 지원 제도 | |
| 내가 원하는 대학에는 선취업 후진학을 위한 제도가 있는가? | 1) 장학제도<br>2) 기타 | |
| 일과 학습을 병행하는 제도은 얼마나 알고 있는가? | 1) 내가 선택하고 싶은 대학과 학과는?<br>2) 지원자격<br>3) 재학 중 취득할 수 있는 자격증은? | |
| 졸업 후 나의 계획은? | 1) 자기계발<br>2) 기타 | |
| 졸업 후 진로 | | |
| 참고 사이트 | | |

# 직업의 시대,
# 이렇게 준비하자

# 1. 앞으로 무엇을 하고 살지 진지하게 생각하는 시간을 가지자

### 📚 읽을거리(p282)

갭이어Gap Year는 인생의 나아갈 방향을 잃었을 때 혹은 어떻게 살 것인지 생각할 시간을 갖고 싶을 때 자신을 들여다보는 기회를 준다. 이렇게 경험을 쌓은 사람의 사례를 잠깐 소개하겠다.

청년 NGO 대표 김희범, 그는 학창 시절 남들 가는 대로 대학에 들어가면 행복하게 사는 법을 배울 줄 알았단다. 취직이 잘된다는 전기과를 들어가라 하니까 들어갔다. 그런데 고등학교와 차이가 없다는 걸 깨닫는 순간 스스로 학교에서 버려졌다. 해병대에 자원 입대해서 군 생활을 하면서 동기들과 이야기를 나누며 자신이 '우물 안 개구리'였음을 깨닫는다. 열심히 살았다고 생각했으나 '여권'과 '비자'의 개념도 몰랐고 비행기는 수학여행 때 타본 게 전부였는데, 동기들은 그게 아니었던 것이다. 비슷한 나이지만 전혀 다른 경험을 한 그들 앞에서 한없이 작아 보이는 자신을 발견했다. 군 복무를 마친 후 그는 국토종주, 유럽 배낭여행, 백두대간 산행 등 다양한 경험을 하고 학교로 돌아왔다. 자신이 관심을 두고 있던 관광경영으로 전과를 하려 했으나 인정되지 않자 학교를 그만둔다.

원하지도 않는 공부를 하는 것은 시간낭비라고 생각해 갭이어를 가지기로 하고 도피성으로 터키로 무작정 해외여행을 떠난다. 시간은 많고 돈은 없어 28킬로그램이나 나가는 배낭을 메고 걸어서 170일을 여행했다. 독일, 네팔, 인도까지 여행하는 도중에 가장 크게 느낀 것이 '사람'이었다. 가장 잘사는 나라와 가장 못사는 나라의 모습을 직접 확인하고 싶었다. 아침에 밥을 퍼주는 봉사활동을 간 적이 있는데 아침밥 한번 먹겠다고 몰려오는 수백 명의 아이들을 보면서 자신이 해야 할 일을 찾았다. 지금은 그 경험을 토대로 NGO 대표로 활동하고 있다. 이제는 기업에 초청받아 강연도 하고 대기업 연봉의 스카우트 제의도 받고 있다. 하지만 그는 대학 중퇴에 자격증이나 토익성적표조차 없다고 한다. 그런 그가 말한다.

"정말 좋아하는 일을 찾아서 즐기면서 노력하면 돈은 무조건 따라오게 되어 있습니다. 그 좋아하는 일을 아직 찾지 못했다면 갭이어를 가지세요. 질질 끌 게 아니라 당장 휴학하고 이것저것 다 해보셔야 해요. 좋은 사람을 찾는 일도 사람을 많이 만나봐야 하는데 좋은 일이라고 다르겠습니까? 많은 일을 해보세요."

- 〈100인의 갭이어〉 소개 중에서

🕐 **찾기** 갭이어 한국 사이트(www.koreagapyear.com)를 방문하여 갭이어 프로젝트에 어떠한 것들이 있으며 비용과 지역, 그리고 프로젝트의 내용들 중에 관심이 가는 내용을 찾아보자.

관심 가는 갭이어 프로젝트:


비용:


지역:


🕐 **찾기** 갭이어 후기에서 가장 마음이 가는 내용과 그 이유는?

## 2. 평생 학습의 시대, 끝없이 배우면서 끈질긴 승부를 하자

📖 **읽을거리**(p292)

스스로 한계를 설정해서는 안 된다는 교훈을 전하기 위해 사용되는 예시가 있다. '벼룩의 자기 한계 설정' 이야기다. 어느 생물학자가 20센티미터 이상 뛸 수 있는 벼룩들을 모아 7~8센티미터 높이의 컵에 가둬놓고 유리병 뚜껑을 덮었다. 그러자 벼룩들이 그 안에서 높이뛰기를 하다가 유리병 뚜껑에 부딪히기 시작했다. 그런 일이 거듭되자 벼룩들은 유리병 뚜껑에 부딪히지 않을 정도의 높이까지만 뛰게 되었다. 그 결과 나중에는 뚜껑을 제거해도 벼룩들은 그 이상의 높이로 뛰어 탈출할 생각을 하지 않더라는 이야기다.

또 다른 이야기도 있다. 서커스단에서 코끼리를 길들이기 위해 쓰는 방법이란다. 어렸을 때 새끼 코끼리의 뒷다리를 말뚝에 묶어 놓으면 처음엔 벗어나려고 안간힘을 쓰다가 시간이 흐르면서 코끼리가 스스로 말뚝 주변을 자신의 한계로 설정해버려 나중에 말뚝을 제거해도 평생 그 주변에서 벗어나지 못하게 된단다. 몸이 커지고 힘이 생겨도 자신의 머릿속에 '난 안 돼'라는 한계를 그으면 능력이 생겨도 할 수 없다는 의미다.

⏰ **내가 '이건 할 수 없어'라며 포기하거나 한계를 느꼈던 일은?**

⏰ **발표** 한계라고 생각한 것들을 극복하기 위해 내가 할 수 있는 일들은?

Nothing is impossible,
the word itself says 'I'm possible!

불가능한 것은 없다. 단어 자체가 말하고 있지 않은가. '나는 가능해'라고!

오드리 햅번

# 3. 자기이해를 바탕으로 합리적으로 진로를 결정하자

📚 **읽을거리1**(p296)

자신이 살아온 과거와 현재를 돌아보고 미래에는 어떤 모습일지도 스스로 그려보아야 한다. 자신의 성격, 취미, 부모님을 포함한 가족들의 성향 등 환경적 요소와 자신의 강점과 약점 등을 정리해보면서 자신이 어떤 사람인지, 그리고 무엇을 하고 싶은지 등등 방향을 설정해볼 수 있다. 이러한 자기분석이 필요한 이유는 자신의 적성에 맞는 일을 찾기 위함이다.

창업을 하든 취업을 하든 적성에 맞고 즐기면서 할 수 있는 일을 찾는 것은 매우 중요하다. 취업이나 창업을 위한 자신만의 전략을 짜는 데도 큰 도움을 얻을 수 있다. 자신을 돌아보는 방법은 다양하지만 다음과 같이 자기분석 카드를 만들어보는 것도 좋겠다.

칸을 채우면서 글로 자신을 정리해보면 조금 더 객관적인 자신을 발견할 수 있다.

⏰ **찾기** 자신의 적성에 맞는 일을 찾기 위해 자기분석카드를 만들어보자.

| 단계 | | 내용 | 분석하기 |
|---|---|---|---|
| 과거 | 열중했던 일<br>좋아하는 단어<br>좋아하는 TV프로그램<br>좋았던 체험이나 경험 | | 가치관 |
| 현재 | 내가 아는 나의 장점<br>내가 아는 나의 단점<br>학교생활<br>내가 좋아하는 일 | | 강점 찾기 |
| 미래 | 이루고 싶은 일<br>평생 하고 싶은 일 | | 꿈 찾기 |

📖 읽을거리2(p300)

합리적 의사결정 단계를 보면 '아직 생기지 않은 직업은 어떻게 하나?' 하는 의문이 생길 수도 있다. 그래서 '진로'라는 단어가 같이 있다. 예를 들면 음악을 하고 싶다면 합리적 의사결정을 어떻게 하는 것이 좋을까?

악기를 다루고 싶다고 할 경우 관심도에 따라 건반, 기타, 드럼 등 다양한 진로가 있을 수 있다. 정확하게 특정이 되지 않았을 경우 '직업'이 아닌 '진로'로 방향을 잡으면 된다는 의미다. 그리고 합리적인 의사결정 단계를 1~5단계까지 적어보면서 자신을 객관화해보면 처음 생각과 달리 '특수음향'과 연관된 진로가 잡힐 수도 있다.

⏰ 합리적인 진로의사결정을 위해서 어떻게 하는 것이 좋을까?
1~5단계의 빈칸을 적어보면서 자신을 객관화해보자.

| 단계 | | 내용 | 적어보기 |
|---|---|---|---|
| 1단계 | 문제 인식 | 자신의 가치와 목표는? | |
| | | 원하는 직업 알기 | |
| 2단계 | 정보 탐색 | 원하는 진로(직업) 정보 찾기 | |
| 3단계 | 대안 설정 | 내가 가질 수 있는 진로(직업들) 골라보기 | |
| 4단계 | 대안 평가 | 진로(직업) 선택 후 발생할 결과 예측/평가 | |
| 5단계 | 의사 결정 | 자신에게 가장 합당한 진로(직업) 선택 | |

# 4. 인공지능이 못하는 융합력과 협업력을 길러라

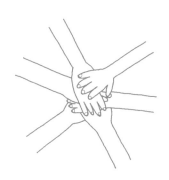

📚 **읽을거리**(p303)

협업력과 함께 4차 산업혁명 시대의 인재상에 필수적으로 등장하는 또 다른 능력이 있다. 바로 '창의융합력'이다. 본래 이 단어는 1990년대에 미국국립과학재단National Science Foundation, NSF에서 정한 과학, 기술, 공학, 수학의 약칭인 'STEM'Science, Technology, Engineering, Mathematics에서 시작되었다. 교육 분야에서는 과학, 기술, 공학, 수학 등 교과 간의 통합적인 접근을 의미하며 과학기술 분야의 창의적 융합 인재를 양성하는 것이 그 목적이다. 우리나라에서는 'STEM'에 '예술'Art을 더한 'STEAM' 프로젝트를 추진하고 있다.

창의융합력과 관련된 사례로 미국의 메이커 운동을 들 수 있다. 제조업 최강국이었던 미국은 첨단 금융업 위주로 경제구조가 재편되면서 제조업이 약화되었다. 급기야 2008년 금융위기를 겪으면서 기업이 도산하고 실직자가 증가하여 중산층이 무너지는 사태마저 발생했다. 이에 경제발전의 새로운 동력이 제조업이라는 인식 아래 내놓은 제조업 육성 정책 중 하나가 바로 '메이커'와 '메이커 운동'이다. 메이커Maker란 소량의 맞춤형 생산시대에 적합한 융합형 인재들을 말하며, 메이커 운동이란 창의적인 만들기를 실천하는 운동을 의미한다. 이렇게 미국에서 시작된 개발자대회Maker Faire는 우리나라를 포함한 여러 나라에서 그 필요성을 공감하면서 따라서 개최하기 시작했다.

창의융합 교육은 스스로 문제를 찾아내고 이를 해결함으로써 변화를 창조하는 새로운 사고와 융합능력을 갖춘 혁신적 인재상을 추구한다. 미래 세계에는 사물인터넷과 인공지능, 3D프린터 등의 발달로 기존의 많은 일자리가 사라질 것으로 예상되고 있고, 대기업 또한 그 유연함을 따라가지 못해 점차 줄어들 것이라는 예측이 일반적이다. 동시에 온라인을 통한 1인 창조기업이 다수를 차지하게 될 것이라고 전문가들은 말한다. 이런 1인

창조기업에 가장 필요한 능력이 바로 창의융합력과 협업력이다. 창조기업인들끼리 협업도 가능하다.

## ⏰ 발표 STEM/STEAM/메이커운동의 특징

| STEM | STEAM | 메이커운동 |
| --- | --- | --- |
|  |  |  |

Success is not the key to happiness.
Happiness is the key to success.
If you love what you are doing, you will be successful.

성공이 행복의 열쇠가 아니라 행복이 성공의 열쇠다.
하고 있는 일을 사랑한다면 기필코 성공하게 될 것이다.

허먼 케인

## 5. 직업교육을 위한 마이스터고, 직업명문학교 진학을 고려하자

📚 **읽을거리**(p308)

고 양주동 박사의 언급에 의하면 기하학geometry이란 '토지geo를 측정metry하다'라는 의미를 담고 있단다. 내가 기억하는 유클리드의 에피소드를 잠시 이야기해보겠다.

유클리드는 오늘날 대학에 해당하는 자신의 아카데미에서 기하학을 가르치던 중 한 제자의 질문을 받았다.

"이렇게 어려운 기하학이 어디에 쓸모가 있습니까?"

유클리드는 노예를 불러 명했다.

"저자에게 동전 한 닢을 주어서 내보내라. 저 불쌍한 인간은 배운 것으로부터 항상 대가를 얻어야 되나 보다."

어린 나로서는 제대로 이해하기엔 어려운 내용이었다. 하지만 오래 기억에 남았고 '대학이란 단지 돈을 벌기 위해 가는 곳은 아니구나.' 하는 정도의 생각은 확실히 정립되었다.

대학은 배움의 장이어야 한다. '학문'이나 '의료기술' 등 인류의 발전이나 생명에 관계된 학문이나 기술을 배우거나 고등학교 시절에는 도저히 배우기 어려운 정밀한 기술 등을 배우는 게 아니라 스펙을 쌓고 취업을 위한 과정 정도로 생각한다면, 굳이 대학을 갈 필요가 있을까 하는 의문이 든다. 대학에서 참으로 아까운 시간과 돈을 낭비하는 경우가 왕왕 있기 때문에 하는 얘기다.

어떤 진로를 확립하느냐에 따라 대학 진학이 아니더라도 배울 것은 넘치고 갈 수 있는 곳도 많다.

⏰ **발표** 내가 배우고 싶은 것과 하고 싶은 일은?

| 배우고 싶은 것 | 하고 싶은 일 |
| --- | --- |
|  |  |

⏰ **찾기** 내가 하고 싶은 일을 배우는데 도움을 받을 수 있는 기관들(사이버 교육 포함)

## Our life is what our thoughts make it.
우리의 인생은 우리의 생각이 만드는 것이다.

마르쿠스 아우렐리우스

**손영배** sunnyson@naver.com

"대기업에서 외국계 강소기업을 거쳐
 특성화고로 전직한 진로진학상담교사의 외침!"

대기업인 현대모비스에 입사하여 6년간 치열하게 일하다 외국계 강소기업으로 옮겨 글로벌 기업의 기술과 문화를 체득했다. **평생학습**의 일환으로 대학졸업 후 직장생활 13년 만에 대학원 과정을 마쳤고, 이후 14년 만에 만학도로 공학박사 학위를 취득함으로써 "선취업 후학습"의 롤 모델로 살고 있다.

특성화고등학교로 전직한 이후에는 직업계 고등학교의 직업진로교육에 힘쓰고 있다. 다양한 회사 생활과 현장 경험을 바탕으로 취업, 창업 분야에서 학교기업 운영과 직업교육컨설팅을 통해 수많은 제자들에게 영감을 주고 그들의 잠재력을 일깨우고 있다. 이 책에는 강소기업 취업과 창업으로 당당하게 미래를 개척하고 있는 젊은이들의 다양하고 생생한 사례가 소개되어 있다.

**집필활동**으로 《성공적인 직업생활》(공저, 대표저자)과 《공업일반》(공저) 등의 교과서를 출간했다. 급변하는 시대의 흐름 속에서 대학은 필수가 아니라 선택일 뿐, 취업이나 창업 그리고 창직 등의 다양한 진로 출구가 있다는 사실을 증명하고자 집필한 《이제는 대학이 아니라 직업이다》를 13쇄 발간 후 개정판(4쇄), 3판을 출간했다. 그 자매책인 《진로독서 워크북》도 5쇄 발간 후 개정판(2쇄), 3판을 내놓았으며, 진로독서를 통한 진로탐색을 돕기 위해 신간으로 《청소년을 위한 300프로젝트》를 발간하는 등 청소년 분야 베스트셀러와 스테디셀러 작가로 자리매김하고 있다.

또한 "행진가TV" 유튜브 채널을 개설하여 청소년과 청년들의 직업진로에 대한 인식을 개선하고자 노력하고 있다.

**＊저자와의 대화**  유튜브: 행진가TV
              페이스북: 커리어PD

## 이제는 대학이 아니라 직업이다 `3rd Edition`
### 나답게 살기 위한 최고의 준비

손영배 지음 | 18,000원

코로나19의 세계적 대유행으로 온라인 비대면 수업이 열리고 AI 기술이 교육에 접목되는 상황에서, 학생들은 적성과 능력에 맞추어 직업을 찾고 전문성을 높이기 위한 '진짜 공부'를 할 때다.

## 이제는 대기업이 아니라 강소기업이다
### 성공 직업의 길, 이제는 '진짜 일'을 하라

손영배 지음 | 16,000원

소확행, 워라밸, 갭이어 등이 중요해지는 시대의 변화는 직업 선택의 우선 순위를 변화시키고 있다. 명문대 진학과 대기업 취업이라는 성공의 속도 에서 벗어나 행복의 방향을 진지하게 모색할 때다.

## 이제는 대학이 아니라 직업이다 `3rd Edition`
## + 진로독서 워크북 `3rd Edition` [낱권 판매]

손영배 지음 | 28,000원

4차 산업혁명 시대, 포스트 코로나 시대의 직업 세계에 대한 정확한 정 보를 모색하여 다양한 진로의 출구가 있음을 발견하게 함으로써 학생 스 스로 희망찬 미래를 설계하고 탐색하도록 도와준다.

## 이제는 대기업이 아니라 강소기업이다
## + 이제는 대학이 아니라 직업이다 `3rd Edition` [낱권 판매]

손영배 지음 | 34,000원

자신의 적성과 진로를 찾아 하고 싶은 일을 하며 살아가야 할 미래 세대 에게 시대의 변화를 인식하고 전문성을 높이기 위한 '진짜 공부'와 성공 직업을 위한 '진짜 일'을 찾는 나침반이 되어준다.